Rudolf Reiser
Königsmord am See

Rudolf Reiser

KÖNIGSMORD AM SEE

Wie und warum Ludwig II.
am 13. Juni 1886 sterben mußte

2002
Buchendorfer Verlag

2. Auflage 2002

© Buchendorfer Verlag, München 2002
Alle Rechte vorbehalten

Photos aus dem Archiv des Verfassers
Satz + Repro: Satz & Bild München
Druck + Bindung: GorenjskiTisk, Kranj
Printed in Slowenia

ISBN 3-934036-88-0

Inhalt
der Tragödie in zwölf Teilen

Vorwort

1. Von Anfang an zum Tode verurteilt 9

2. Gefährliche Liebschaften 16

3. Der »Prinzrebell« schlägt zu 22

4. Die Rettungsaktion 28

5. »Unser armer, guter Ludwig« 32

6. Die Pfingstkatastrophe deutet sich an 36

7. Dr. Gudden bereitet das Verbrechen vor 44

8. Erdrückendes Beweismaterial 49

9. Abendglocken verkünden den Mord 62

10. »Seht den heuchlerischen Alten...« 67

11. »Und geheime Meuchelmörder...« 71

12. Bitte den Sarg nicht öffnen 77

Zusammenfassung 81

Literatur 83

Register 84

Epilog 86

Vorwort

Es ist wie bei einer Fahndung! Wir haben zwei Leichen und suchen den oder die Mörder. Also müssen wir uns auf die Suche nach Motiv und Indiz begeben. Wir stellen die Frage, wem nützt der Tod Ludwigs II.? Und kommen schnell auf die Antwort.

Dann sammeln wir die Spuren, die der oder die Täter und die Opfer hinterlassen haben. Schließlich stellen wir alle Erkenntnisse, auch die unscheinbarsten, chronologisch auf eine Reihe. Und wenn dann auch noch der »Kommissar Zufall« (in Form von neuen Schriftstücken) bei der Klärung mithilft, kann der Fall gelöst werden. Daß es nicht irgendein Fall ist, weiß jeder. Es geht um den spektakulären Königsmord am 13. Juni 1886 in Berg am Starnberger See.

Starnberg, 13. Juni 2002   Rudolf Reiser

*Schloß Neuschwanstein. Über Hohenschwangau verbringt Ludwig II. seine
letzten Stunden in Freiheit. Nach seiner Absetzung, Verhaftung und Entführung
am 12. Juni 1886 beginnt die Königstragödie, an deren Ende in Berg ein
Jahrhundertverbrechen steht.*

Von Anfang an zum Tode verurteilt

König Ludwig II. hat Todesängste, nachdem sein
Flügeladjutant Dürckheim am Münchner Bahnhof
verhaftet und eingekerkert worden war

Am Abend des 11. Juni 1886 marschiert
Militär am Münchner Hauptbahnhof auf
und wartet auf den Zug, in dem der 35jäh-
rige Graf Alfred Karl Nikolaus Eckbrecht
von Dürckheim-Montmartin ankommt. Er
wird sofort verhaftet und dann in den Kerker gesteckt.

Ein ungewöhnlicher Fall! Der Kriegs-
minister Adolf Franz von Heinleth, damals noch dem Prinzen und sich nunmehr
Prinzregent nennenden Luitpold ergeben,
wirft laut Zeitungsberichten dem Arre-
tierten vor, entgegen seiner Weisung dem
König Ludwig II. von Bayern bis zuletzt die
Treue gehalten zu haben.

Ein Argument, das allen bayerischen Ge-
setzen hohnspricht. Graf Dürckheim (so
kürzen wir in Zukunft seinen langen Namen ab) hatte einst den Eid (man spricht
von einem »heiligen Eid«) auf den König
geschworen. Ausgerechnet jetzt sollte er ihn
brechen? Jetzt, da die höchsten Stellen das
jeden richterlichen Spruch entbehrende
Todesurteil über den Landesherrn gesprochen hatten! Ja, richtig Todesurteil, das in
diesem Büchlein nachgewiesen wird.

Als das Eisenschloß an diesem Abend
hinter Dürckheim fällt, weiß er genau, daß
er seine Zelle erst wieder verlassen darf,
wenn sein Herr tot ist. Der gebürtige Re-

*Weil er seinem König bis zum Schluß die Treue
hält, läßt ihn Prinzregent Luitpold einkerkern:
Graf Dürckheim.*

gensburger hat das später so der in seiner Geburtsstadt residierenden
Erbprinzessin Helene von Thurn und Taxis erzählt. Sie ist die Schwester der Kaiserin Elisabeth (»Sissi«), und beide weilen im Juni 1886
am Starnberger See.

Die zwei Damen aus dem Hochadel lesen in diesen Tagen in den
Zeitungen, daß parallel zur Verhaftung Dürckheims die Absetzung
seines Herrschers erfolgte. Helene hört schon damals die Mordge-

rüchte, wie man im Hofarchiv ihres Hauses lesen kann. Sissis Informationen lauten nicht anders, entnimmt man den Tagebüchern ihrer jüngsten Tochter Valerie. Und auch das weiß man: Dürckheim stand bis zu seiner Einkerkerung mit der Kaiserin in Verbindung, wie der Sekretär der preußischen Gesandtschaft in München, Graf Philipp zu Eulenburg-Hertefeld, schreibt. Von all dem werden wir noch hören.

Am Morgen nach Ludwigs Festnahme rollt eine Gespensterkarawane von Neuschwanstein-Hohenschwangau nach Berg am Starnberger See. Mittelpunkt ist der Wagen, in dem der arretierte Wittelsbacher sitzt. Die Türen sind von innen nicht zu öffnen.

Gegen 10.05 Uhr hält der Geisterzug im Dorf Seeshaupt. »Während des Umspannens der Pferde«, so schreibt der Redakteur der in München erscheinenden *Neuesten Nachrichten*, »grüßte der König die sich ansammelnden Sommerfrischler und Ortseinwohner auf das freundlichste.«

In der Menge sieht Ludwig auch die fesche Posthalterin und Wirtin Anna Vogl. Er winkt ihr und bittet sie um ein Glas Wasser, so groß ist sein Durst. »Mehrere Minuten«, schreibt die Zeitung weiter, unterhält er sich »aufs Leutseligste mit ihr.« Die Frau weint, was sie kann. Das Glas, aus dem der König trinkt, ehrt die Familie wie eine Reliquie. Klar, sie weiß, wie es um den Gefangenen steht. Deshalb schickt sie sofort einen reitenden Boten zur Kaiserin Elisabeth nach Feldafing.

Das kurze Gespräch mit der Wirtin von Seeshaupt ist Ludwigs letzter Kontakt mit der Außenwelt und der Beginn einer breitangelegten Widerstandsaktion. Wirtin Vogl kennt nämlich nicht nur ihren König, der oft bei ihr einkehrte, und die Kaiserin Elisabeth, sondern auch viele Königstreue vom Freiherrn bis zum Fischer. Und an diesem 12. Juni hat sie auch eine Meldung in den *Neuesten Nachrichten* lesen können, die alle Alarmglocken läuten lassen:

»München, 12. Juni. Für die Pfingst-Ausflügler nach Starnberg. Bei Ankunft der Eisenbahnzüge in Starnberg haben alle Personen rechts auszusteigen. Diejenigen, welche mit dem Dampfschiff weiterfahren, gelangen mit Abstieg weniger Stufen unter dem Bahnkörper bequem auf die Landungsbrücke der Dampfschiffe.«

Daß da eine Sensation in der Luft liegt, spürt wohl jeder Bayer. Und so kommt es, daß an Pfingsten unglaublich viele Menschen am See weilen. Die Verlautbarungen der Regierung sind dermaßen ungeschickt, daß sie die Volksseele bis auf das äußerste bewegen und erregen. Gottseidank für uns heute! Denn sie geben uns wichtige und richtige Einsichten in den Mordplan.

Zu den Menschen, die den Königstransport mit Schaudern verfolgen, gehört auch der Wirt von St. Heinrich. Als Ludwig an seinem Haus vorbeifährt, beginnt eine Idee Gestalt anzunehmen, die innerhalb weniger Stunden das Umland des Starnberger Sees zum okkulten Aufmarschplatz einer grandiosen Befreiungsaktion macht.

Doch schön der Reihe nach! Gegen 12.15 Uhr trifft die Karawane in Berg ein. Der vorverurteilte Ludwig hatte damit eine fast neunstündige Reise hinter sich. In seinem Schloßgefängnis umgeben ihn nur Vertraute des Prinzen Luitpold.

An oberster Stelle müssen wir einen besonderen Bösewicht nennen: den 48jährigen Hofsekretär Ludwig Peter von Klug, der am 12. Juni 1886 am Starnberger See nach dem Rechten sieht. Der gebürtige Amberger stammt aus ganz kleinen Verhältnissen, war ursprünglich Ludwigs Vertrauter und sah schon Anfang des Jahres, daß seine weitere Karriere beendet ist, wenn er nicht rechtzeitig seinem König den Rücken kehrt. So geht über ihn bald das treffende Bonmot: »Herr Klug – hat auch schon genug.«

Seine Rolle ist deswegen so ekelerregend, weil er seinen königlichen Sekretärsstatus mit der prinzregentlichen Mission geschickt zu verknüpfen vermag, also die Autorität Ludwigs II. für dessen Untergang ausnützt. Luitpold soll Klug dies nie vergessen und kurz darauf alle seine Schiebungen, Amtsmißbräuche und Skandale verzeihen, ja ihn sogar noch auszeichnen, als seine Korruption offen zutage tritt.

Sein Heil im Verrat gesucht hat auch der ebenfalls in Berg anwesende Graf Max von Holnstein, der »Roßober«, den sein König einst steinreich gemacht hat. Er durfte nämlich zehn Prozent der Überweisungen aus dem Welfenfonds für sich behalten. Vor kurzem ist er »mit fliegenden Fahnen«, wie der Historiker Ludwig Hüttl in seiner Königsbiographie schreibt, »in das Lager der Gegner übergewechselt.«

Diesen Renegaten zur Seite steht der Irrenarzt Dr. Johann Bernhard Aloys Gudden, der 1873 an die Ludwig-Maximilians-Universität in München berufen wurde. Er feierte vor vier Tagen seinen 62. Geburtstag und stammt aus Kleve. Vater war Bierbrauer, Großvater Schuster. Wie Hofsekretär Klug ein Emporkömmling, der sein Mäntelchen nach dem Wind drehte und dreht. Höhepunkt seiner Dreistigkeit ist sein Gutachten, in dem er den König Ludwig II. für verrückt erklärt hatte, ohne ihn untersucht zu haben, was ihm prompt der Monarch auch vorwarf.

Und es ist schon wie es ist! Der 1.59 Meter kleine Kretin mit Doktortitel fiel und fällt seinem Herrn, von dem er an die Isar berufen worden war, in besonders widerlicher Weise in den Rücken. Alles soll schnell und schmerzlos gehen, schon in den nächsten Tagen will er in München sein und für seinen Verrat gewürdigt werden. Doch seinen gerechten Lohn soll auch er erhalten. So weit sind wir freilich noch lange nicht.

Derjenige, der diesen Dr. Gudden von Anfang an durchschaut, ist unser Dürckheim. Er weiß, daß des Irrenarztes Gutachten, so wie es ausfiel, bestellt und bezahlt war. Der irre Arzt hätte auch das Gegenteil geschrieben, wenn es die Auftraggeber gewünscht hätten. Und dann Dürckheims zynischer Ausspruch über Gudden: »Kennen Sie etwas, wozu ein deutscher Universitätsprofessor sich heutzutage nicht hergibt?«

Diesem kleinen Mann untergeordnet ist: Dr. Franz Carl Müller, der »dienstthuende Arzt« des Prinzen Otto, des königlichen Bruders, der geistesgestört in sicherer Verwahrung gehalten wird. Diesem Dr. Müller verdanken wir, worauf wir bald kommen, einen Hinweis, der das ganze Komplott verrät.

Schließlich werden in das Schloß Berg noch mehrere Pfleger abkommandiert, darunter Bruno Mauder und Konrad Schneller. Wie sich später herausstellen soll, schweben beide in höchster Lebensgefahr.

Ja, und noch etwas muß erwähnt werden: König Ludwig II. merkt, daß man das Schloß Berg gesichert hat. So ist der Zugang zur Schiffsanlegestelle geschlossen. Weiter sind die Türen der königlichen Gefangenenzellen einer Änderung unterworfen worden. Der Mann, dem dies geschafft wurde, heißt Leiblfinger, der Schmied des Dorfes. Wie Oskar Maria Graf, dessen Eltern in Berg eine Bäckerei haben und ihrem Sohn viele ihrer Erlebnisse erzählen, berichtet, muß der Handwerker die inneren Türklinken der königlichen Zimmer abmachen. Dann die Worte Leiblfingers: »Und in die schönen, weißlackierten Türen haben sie Löcher gebohrt.« Dann sofort die Bitte des Plauderers: »Aber um Gottes willen, Maxl, verrat mich nicht! Es ist mir auf'bunden worden, daß ich kein Sterbenswort sag'...«

Über das flüchtig umgebaute Schloß urteilt der österreichische Gesandte in München, Karl von Bruck, kurz und bündig: »Ein vollständiges Narrengefängnis.«

Der König aber läßt sich nichts anmerken und behauptet: »Ganz gut, es ist alles in Ordnung.« Das ist natürlich Taktik. Für so dumm darf man ihn wirklich nicht halten, daß er nicht merkt, was man da vorhat. Natürlich bereut er seine Sturheit vorgestern. Damals wäre er erheblich leichter über die Grenze gekommen. So beruhigt er jetzt in Berg die Häscher und denkt sich, daß er seine Flucht nicht gefährden dürfe. Eine andere Interpretation lassen sein Worte nicht zu.

Eine Flucht aber stellt für die Münchner Verschwörer den größtmöglich anzunehmenden Unfall dar, wie man heute sagen würde. Sollte es Ludwig II. nämlich gelingen, den Schutz des ihn über alles liebenden Volkes zu finden, sind Hochverratsverfahren mit Todesurteilen zu befürchten. Im Klartext: Prinz Luitpold und die Minister müssen um ihr Leben bangen.

Dazu eine Bemerkung. Jeder König von Bayern wähnt sich als Monarch von Gottes Gnaden. Max I. Joseph nicht anders als sein Sohn

Ludwig I. und dessen Sohn Maximilian II. Es gibt kein größeres Verbrechen innerhalb der weißblauen Grenzen, als dem Landesherrn ein Leid anzutun. Wer sich gegen den König versündigt, ist des Todes. Sofort, ohne Gnade und Barmherzigkeit und vor allem in Einklang mit dem geltenden Recht!

Und so muß jetzt, da sich Luitpold und die Minister bereits schwer an der Person des Herrschers vergriffen haben, die befürchtete Flucht Ludwigs II. mit allen Mitteln verhindert werden.

Als Ludwig II. am Pfingstsamstag in die Berger Schanze eingeliefert wird, tagt in München der Staatsrat, dessen Vorsitz Prinz Luitpold führt. Er läßt sich an diesem Tag die Campagne-Uniform aus dem Schrank holen, das Kriegskleid, das man im Feld (camp=Feldlager) anhat. Das heißt, man ist zum Kampf und Überleben entschlossen. Uniformen werden wie Orden behandelt. Man trägt sie den Anlässen entsprechend. Zur Sitzung sind alle Minister gekommen, dazu die Staatsräte Franz Seraph von Pfistermeister und Johann August von Eisenhart.

Den passenden Lagebericht gibt der Minister des Äußern und des königlichen Hauses, Friedrich August von Crailsheim, einer der Haupttreiber des Entmündigungsverfahrens. Zum Lohn dafür soll er vier Jahre später vom Prinzregenten zum Vorsitzenden im Ministerrat (= Ministerpräsident) ernannt werden.

Natürlich wird auch über die Verhaftung Dürckheims geredet. Seine exzellenten Querverbindungen sind ein Sicherheitsrisiko. Übrigens, in den *Neuesten Nachrichten* lesen wir am selben Tag:

»Die Untersuchung wird ergeben, ob Graf Dürckheim nur die Befehle des Königs ausgeführt oder seine Kompetenz überschritten hat; jedenfalls wird in diesem Falle wie in andern die Untersuchung auch gerechte Rücksicht auf die Gefühle der Treue und Ergebenheit nehmen, welche die unmittelbare Umgebung Seiner Majestät beseelen.«

Das sind Sätze, die Luitpold und seine Minister-Schergen nicht gerne lesen. Sie, und nur sie haben Recht. Wie kann man auch nur andeutungsweise zu einem Grafen halten, der sich schon einmal gegen die Familie Luitpold auflehnte? Weil man Dürckheims schöne Frau Helene in das Bett der Gelüste lockte. Doch davon später!

Und wie brisant die skandalöse Geschichte ist, zeigt eine weitere Meldung. Die *Neuesten Nachrichten* berichten am 12. Juni über einen Willkürakt, wie man ihn eigentlich nur noch aus Rußland kennt:

»Auf Weisung der Telegraphen-Bezirksdirektion trat gestern Nachmittag in der Abfertigung aller Telegramme, welche sich auf die Vorgänge in Hohenschwangau bezogen, eine Sperre ein, welche ungefähr drei Stunden währte.«

Jeder Leser, der bis drei zählen kann, weiß nun, wie geschoben und manipuliert wird. Da kann wirklich etwas nicht stimmen. Es wird ge-

*Von der Madonna und ihrem Sohn im Stich gelas-
sen: Ludwig II. Der Bildhauer Josef Knabl schuf
diese Gruppe 15 Jahre vorher für die Burgkapelle
der Trausnitz in Landshut.*

munkelt, jeder, der in der Umgebung der
Wittelsbacher zu tun hat, trägt zu der immer finsterer werdenden Diskussion bei –
der Ministerialbeamte, Postbote, Hoflakai
und -lieferant ebenso wie das Wascher-
madl und Kocherl, der Gendarm und Stall-
knecht.

Genau diese Anti-Luitpold-Stimmung
erscheint Crailsheim und Konsorten gefährlich, sehr gefährlich. Und so greift man
zu einem Mittel, das uns heute leider die
Sache so schwer macht. Vom 12. Juni an
wird die Presse streng zensiert.

Das geht lange gut. Doch am 7. Juli (!),
fast vier Wochen später, haben die Redak-
teure der *Neuesten Nachrichten* den Maul-
korb satt. Man kann ja gegen Journalisten
schimpfen, wie man will, sie enthüllen trotz
eigener Verfehlungen so manche Sauerei im
Staat. Und so lesen wir in dem Blatt:

»Wir haben in den letzten Monaten in
Bayern eine große Anzahl von Maßrege-
lungen in der Presse zu verzeichnen gehabt,
deren Nothwendigkeit in vielen Fällen nicht
recht einleuchtend war. Während der erregten Zeit der letzten Wochen allerdings, wo es
in erster Linie darauf ankam, die Aufregung möglichst zu beschwichtigen, mag
das Vergehen gegen einen Theil der Presse
sich bis zu einem gewissen Grade allenfalls
rechtfertigen lassen. Jetzt aber, wo die Lage
sich soweit geklärt hat, daß die Verhältnisse
wieder in ruhigere Bahnen geleitet sind, sollte man solche unnöthige
und verbitternde Schritte unterlassen.«

Man hält den Atem bei der Lektüre dieser Passage an. Sie erlaubt
nur einen Schluß: In den Zeitungen wurde so berichtet, wie es die
Staatsspitze wollte. Die Stunde des Vertuschens und Lügens hatte
längst geschlagen.

Und sogar das Wetter spielt mit. Als der Staatsrat an diesem 12. Juni
1886 auseinandergeht, sieht man nichts vom sprichwörtlich weißblauen Himmel Bayerns. Es regnet in München, was es kann.

Schauen wir kurz nach Berg oder besser gesagt in das Gefängnis
Berg! Dort erlebt Dr. Hubert Grashey, Guddens Irrenarzt-Kollege
und Schwiegersohn, die bebende Majestät. Dieser berichtet: »Der

König sei ängstlich für sein Leben besorgt, fürchte sich vor jeder Waffe.« Während dieser seiner Todesangst macht es sich Dr. Gudden in seinem Lehnstuhl bequem, zündet eine Zigarre an und freut sich über den »glücklichen Verlauf des Ganzen«.

Diese Unbekümmertheit geht vor allem Dr. Müller auf die Nerven. Er sagt zu dem 52jährigen Baron Karl Theodor von Washington, einem zwielichtigen Zeitgenossen und Verwandten des ersten US-Präsidenten (ob wahr oder nicht, so jedenfalls hört man es in München), er kenne Gudden gar nicht mehr. Sonst verhalte er sich den Kranken gegenüber äußerst vorsichtig und mahne seine Untergebenen zur Vorsicht. Bei Ludwig unterbleibe das alles.

Dann spricht Dr. Gudden den entscheidenden Satz, der befolgt wird und den Tod des Königs zur Folge hat: Man muß Ludwig II. »zu regelmäßigen Spaziergängen« gewinnen.

Der Irrenarzt, und das ist wichtig festzustellen, hat ganz offensichtlich Weisung, den König ins Freie zu führen, ihn dort sozusagen zum Abschuß freizugeben. Damit sind weitere, zunächst unverständliche Anordnungen verständlich, wie wir noch sehen werden. Guddens Kollege Dr. Müller kann dies natürlich nicht ahnen. Und so geht alles seinen fatalen Lauf.

Anmerkungen, Quellen und Literatur:
Dürckheim: Neueste Nachrichten 12.6.1886, Eulenburg-Hertefeld S.40, 92, Hüttl S.409, Richter S.378, 380; Helene von Thurn und Taxis: Fürstliches Zentral-Archiv Regensburg, HFS 2055, PR. D.1886 (1967/68 im Schloß Thurn und Taxis vom Verfasser eingesehen); Elisabeth: Valerie S.80; Seeshaupt: Neueste Nachrichten 12.6.1886, Richter S.386; Starnberg/Bahnhof, Berg: Neueste Nachrichten 12.6.1886, Hüttl S.419; Klug: Schrott S.80, Möckl S.369ff; Holnstein: Hüttl S.398; Gudden: Neue Deutsche Biographie 7, Richter S.378; Berg: Merkt S.183; Bruck: Richter S.386; Staatsrat: Neueste Nachrichten 12.6.1886; Dürckheim: Neueste Nachrichten 12.6.1886; Telegramme: Neueste Nachrichten 12.6.1886; Zensur: Neueste Nachrichten 7.7.1886; Gefängnis Berg: Merkt S.183, 196f, Wöbking S.130ff

Gefährliche Liebschaften

Im Kampf um die Macht in Bayern spielen eine rassige Russin aus Florenz, »Lustbuben« und Bismarck eine nicht zu unterschätzende Rolle

»Was ist Geschichte?« fragt Boris Pasternack in seinem *Doktor Schiwago*. »Sie ist«, so lautet seine schon sehr frappierende und faszinierende Antwort, »der Beginn einer jahrhundertelangen systematischen Arbeit, die dazu bestimmt ist, das Geheimnis des Todes aufzuklären.« Der große Dichter Rußlands stellt zu dieser seiner Aussage allerlei philosophische Erörterungen an. Doch sein Satz läßt sich in einer subtilen Art auf Schloß Berg ableiten, der sich in der Frage konzentriert: Welches Geheimnis hat der Tod des Bayernherrschers Ludwig II.?

Alles an diesem »Märchenkönig« muß man mysteriös nennen. Feststeht inzwischen, daß sein Vater nicht König Maximilian II. ist. Dieser hatte sich 1835 in Budapest den Tripper geholt. Seine schöne Frau Marie wurde, um die Erbfolge zu sichern, mit Weinen berauscht und dann geschändet. Ludwig II. weiß das. Einige seiner Sprüche deuten darauf hin. So wenn er seiner Mutter vorwirft, »ihn nicht aus der Ehe mit König Max empfangen zu haben« (Eulenburg-Hertefeld).

Seine Regierung, die er mit 18 antritt, ist eine Fortsetzung der Seifenkomödie. Er wurde streng katholisch erzogen – und dann diese Nachricht seiner Konzeption. Er griff nach dem Mond, legte wichtige Entscheidungen auf Montage und entglitt so schnell dem politischen Alltag. Das Geld zum Bau seiner Schlösser war das wichtigste Kriterium seiner Handlungen. Er verkaufte sein Königreich Bayern an Bismarck. Wie soll man angesichts der in diesem Augenblick einsetzenden Zahlungen aus dem Norden Deutschlands den Vorgang sonst nennen?

Und so läßt Ludwig Schlösser bauen, die Bayern heute in aller Welt bekannter machen als die Alte Pinakothek und Glyptothek in München, der Regensburger und Bamberger Dom, das Alte Rathaus in Augsburg und die Walhalla zusammen. Herrenchiemsee, Neuschwanstein und Linderhof verschlingen aber wahre Unsummen.

Der König steht hoch oben, und er ist nicht nur der Landesherr, sondern auch der unumschränkte Chef des Hauses Wittelsbach. Unter ihm die Familie Luitpold. Und diese hat sich an reichliche Apanagen, Luxus und Narrenfreiheit gewöhnt. Vor allem kosten Gewänder und Gelage, Kutschen und Kunstwerke, weiße Pferde und schöne Frauen viel Geld.

Viele Millionen
Menschen aus allen
Kontinenten kennen
die Schlösser König
Ludwigs II. Doch sie
bringen ihn seinerzeit
in arge finanzielle
Bedrängnisse. Unser
Bild: der Venusberg im
Schloß Neuschwan-
stein, ein Motiv, das
um die Welt geht und
ging.

17

Verächtlich schreibt Graf Eulenburg-Hertefeld über die Sippschaft:

»Das Haus Luitpold ist in München nicht beliebt, auch der alte Regent, eine verhältnismäßig wenig bekannte Persönlichkeit, der das ganze Jahr in der Provinz zubringt, um zu jagen. Seine Söhne sind ziemlich hochmütige Herren ohne warmen Zusammenhang mit Gesellschaft und Volk. Nichts band die Truppen an den neuen Regenten, weder Liebe noch militärisches Gefühl.«

Zu einem besonders unangenehmen Typ dieser Familie entwickelt sich Prinz Arnulf, der jüngste Sohn Luitpolds. Dieser Herr glaubt nämlich, jedes Mädchen, jede attraktive Frau müsse ihm untertan sein. Und da kommen wir auf den Grafen Dürckheim zurück. Er hat im November 1881 in St. Petersburg die reiche und reizende Helene Pawlowna geheiratet, eine 23jährige Schönheit, um die ihn viele beneideten. »Ein schönes Weib voller russischer Eigenschaften«, so charakterisiert sie Graf Eulenburg-Hertefeld. Wenn sie von ihrer Geburtsstadt Florenz und ihren schwülen Sommernächten sprach, von der klirrenden Kälte in Rußland, dann geriet so manches Männerherz in Wallung. Auch das des Prinzen Arnulf! Wie wehrte sich Dürckheim gegen diesen Filou, als er das für ihn Unfaßbare vernahm!

Hören wir kurz dem Grafen Eulenburg-Hertefeld zu: »Prinz Arnulf von Bayern, der der Gräfin in rücksichtsloser und wenig ritterlicher Weise huldigte, schrieb ihr ein Billett, in dem er sie ersuchte, ihn während einer Abwesenheit ihres Mannes zu empfangen. Die Gräfin zeigte Dürckheim diesen Brief, und dieser fuhr in das Palais, um den Prinzen zu fordern.«

So wurde zwischen dem Grafen, dessen Familie aus der Pfalz stammt, und Prinz Arnulf ein Duell auf Leben und Tod angesetzt. Aber was heißt das? Dürckheim wäre selbst als Sieger der Verlierer gewesen. Wer erschießt gerne ein Mitglied des regierenden Hauses? In letzter Sekunde verbot König Ludwig II. diesen Waffenwechsel. Er beförderte Dürckheim zum Hauptmann und machte ihn zu seinem Flügeladjutanten.

Dazu Eulenburg-Hertefeld: »So war Dürckheim durch seine Frau plötzlich zu Rang und Würde gekommen. Der König war voller Huld für ihn, zeichnete ihn bei Galatafeln, die damals noch im Winter hin und wieder im Schlosse abgehalten wurden, aus.«

Wer verdenkt es nun diesem Grafen Dürckheim, daß er jetzt erst recht bis zu seinem letzten Blutstropfen an seinem Herrn hängt. Die Ehe wird 1884 geschieden, der Haß der Familie Luitpold aber bleibt. Man kann den König für verrückt erklären, aber seine moralische Komponente ist damals noch in Ordnung. Wohin steuert ein Staat, der eine schöne Frau zum sexuellen Freiwild einer privilegierten Kaste macht?

Gewiß, beim König ist auf diesem Gebiet vieles aus dem Ruder geraten, seine Eskapaden mit jungen Männern seiner Wahl gehören in das Gruselkabinett des 19. Jahrhunderts. Doch da geht es andererseits um freiwillige Dienste, um Abhängigkeiten, die auch die Gegenseite sucht.

Wie ganz anders die Begehrlichkeit der Familie Luitpold! Da tanzt eine junge Florentinerin aus Rußland mit ihrem schneidigen Ehemann Dürckheim durch den Fasching, da sieht sie der degenerierte Prinz Arnulf und bedrückt das gräfliche Paar mit seinen Nachstellungen.

Graf Dürckheim widerstand damals, Ludwig II. nahm ihn in Schutz. 1886: Jetzt, da man vor der Machtergreifung steht, rächt man sich. Dürckheim wird verhaftet. Der Historiker zollt ihm seinen Respekt.

Natürlich ist nicht der tapfere Dürckheim die Ursache der Entmachtung Ludwigs II. Es darf nie und nimmer vergessen werden, daß der König sein Land finanziell ruinierte. So schön die Schlösser sind, so viel Geld kosteten sie auch. Die Praktiken der Mittelbeschaffungen darf man ruhig kriminell nennen. Mit dem Wort Wahnsinn umschreibt man wohl mehr als richtig die Situation 14 Jahre vor der Jahrhundertwende.

Jedoch: Diese Behauptung bedarf einer Fußnote. Prinz Luitpold ist nicht soviel besser und hat Angst, daß er am Ende persönlich die Zeche zu zahlen hat. Am 14. Mai 1885 schreibt Eulenburg-Hertefeld an Herbert von Bismarck, den Sohn des Reichskanzlers, Luitpold sei »entschlossen nicht zuzugeben, daß das Hausvermögen zur Deckung der neuen Schuldenlast angegriffen werde«. Mit anderen Worten: Je länger das Leben des Königs währt, desto ärmer droht der Prinz zu werden.

Und die Luitpolds sind auch sonst noch beleidigt. Eulenburg-Hertefeld berichtet nämlich weiter, »daß der alte Prinz kürzlich, bei einer Familientafel im Schlosse, den König angeredet habe«. Das war wider die Etikette und so ließ Ludwig II. dem Onkel ausrichten, »daß es unpassend sei, seinen König anzureden«. Natürlich auch nicht ganz normal!

Und so steht es auch um Ludwig II., wie kurz angedeutet, nicht zum besten, um jenen Monarchen, der vor 16 Jahren die deutsche Einigung Bismarcks so reibungslos gewähren ließ, daß man von »Finis Bavariae« (vom Ende Bayerns) sprach. Graf Eulenburg-Hertefeld schreibt schon sehr deutlich und demaskierend am 14. Mai 1885 an Bismarck junior:

»Die neuesten Liebschaften des Königs, in die mir der Zufall einen flüchtigen Einblick gewährte, durfte ich selbst ganz vertraulich nicht verwerten. Es ist Ihnen bekannt, daß König Ludwig neuerdings in sei-

Bismarck ahnt schon im Frühjahr 1886, daß die bayerischen Minister ihren König »schlachten« werden.

ner Zuneigung zu dem jüngeren Stallpersonal sehr energisch geworden ist. Psychologisch ist mir der Übergang aus einer mehr als zwanzigjährigen platonischen Liebe für schöne Jünglinge zu erotischen Kundgebungen durchaus nicht unklar. Die ersten leisen Anzeichen nahenden Alters steigern die Sinnlichkeit eines Mädchens bis zur Unvernunft, und selbst eine Frau segelt gern noch einmal zu dieser Zeit mit vollen Segeln auf den Liebeswogen hinaus. Bei dem eigentümlichen Naturspiel der Liebe des Mannes zu seinesgleichen machen sich Erscheinungen geltend, die eine Analogie viel mehr in der weiblichen, als in der männlichen Empfindungswelt finden. Des Königs Jugend beginnt zu fliehen. Er segelt auch noch einmal mit vollen Segeln auf den Liebeswogen hinaus.«

Und das Resümee Eulenburg-Hertefelds lautet: »Ich fürchte eine unglückliche Konstellation von nicht deckbaren Schulden mit einem öffentlichen Skandale zur Bockbierzeit von besoffenen Lustbuben zu Pferde.«

So ein Bericht kommt im konservativen und sittenstrengen Preußen einem Todesurteil gleich. Selbstverständlich verfolgt Vater Bismarck die weißblaue Tragödie genau, selbstverständlich weiß er, wie südlich des Mains das Geld für immer kühnere Schlösser verwendet wird.

Wie staunt er da im Februar 1886, als Dürckheim bei ihm weilt. Wir finden dazu im Nachlaß des 1884 entlassenen Hofsekretärs Ludwig von Buerkel folgende Notiz: »Fürst Bismarck sagte dem Grafen Dürckheim bei seinem Pumpbesuch in Berlin, der Mann (gemeint ist Ludwig II.) müsse an die Wand gedrückt werden, wenn ihm überhaupt noch zu helfen sei.«

Am 14. April läßt Bismarck dann den bayerischen König wissen, daß keine Kredite mehr für die Schlösser fließen werden. Um diese Zeit hat der Kanzler aber auch den Eindruck, daß die Minister, um ihre eigene Haut zu retten, den König »schlachten« wollen.

Das ist schon so ein Wort, das einerseits auf die kommenden Ereignisse am Starnberger See deutet, andererseits das Desinteresse Bismarcks am Schicksal Ludwigs erkennen läßt. Der König, den er einst-

20

mals so brauchte, ist ihm jetzt lästig geworden. Was soll er ihn noch schützen?

Schon sechs Tage nach der Abfertigung Dürckheims, am 22. April 1886, berichtet der bayerische Gesandte in Berlin, Graf Hugo von Lerchenfeld-Köfering, dem Minister des Äußern und des königlichen Hauses, Crailsheim: »Daß die Stimmung gegen den König in Berlin umgeschlagen hat, ist mir längst aus verschiedenen Andeutungen klar geworden. Man spricht bei Hof ganz unverhohlen von der Eventualität einer Regentschaft.«

Doch das ist noch nicht alles. Ende Mai 1886 teilt der Diplomat Lerchenfeld-Köfering dem Minister Crailsheim mit, Bismarck sei auf die Seite Luitpolds geschwenkt. Der Kanzler halte es zwar für bedenklich, sich eines Irrenarztes als »Königsbeseitiger« zu bedienen, auch glaube er, »daß ein erster Anstoß besser aus dem Volk käme«, doch dann der für Luitpold befreiende Satz, den der Bayernvertreter in Berlin so wiedergibt:

»Wenn Seine Königliche Hoheit Prinz Luitpold und eine Anzahl patriotischer Männer die Notwendigkeit anerkennen, einzugreifen und bestätigen, daß der König krank sei, so sei für ihn, den Reichskanzler, der Fall entschieden.«

Diesen »Verrat« bekommt auch das von Bismarck zitierte Volk als Entscheidungsträger mit, wie wir noch sehen werden.

Anmerkungen, Quellen und Literatur:
Ludwig II.: Hüttl, Richter, Möckl (an verschiedenen Stellen); Maximilian II.: Eulenburg-Hertefeld S.49, Reiser S.29ff; Haus Luitpold: Eulenburg-Hertefeld S.97; Dürckheim: Eulenburg-Hertefeld S.40, Möckl S.105, Sailer S.118; Luitpold: Möckl S.104; Liebschaften des Königs: Eulenburg-Hertefeld S.136, Möckl S.152; Bismarck: Buerkel S.127, Möckl S.159,165.

Der »Prinzrebell« schlägt zu.

Nach der Entmündigung des Königs durch seinen Onkel Luitpold bildet sich eine Widerstandsgruppe, an deren Spitze Kaiserin Elisabeth steht

Mit dem Votum Bismarcks gegen den Bayernkönig wähnt sich der zunächst apathische und dann immer ehrgeiziger werdende Prinz Luitpold vor der Tür, die ihn zu Macht und Geld führt. Doch überzeugt von ihm sind wenige. Wer ist dieser Mann?

Am 12. März 1821 in Würzburg geboren, 1886 also schon 65 Jahre alt. Als er auf die Welt kam, lag sein Vater Ludwig I. gerade in Rom in den Armen einer strahlenden Schönheit, der 18 Jahre jungen Marianna Florenzi, die neun Monate später ihrem Sohn Ludwig das Leben schenkte.

Der legitime Prinz Luitpold war immer der verhinderte und deshalb behinderte Bub mit wenig Chancen auf einen deutschen Thron. Aber er wollte und sollte auch was werden. Und so lesen wir in den *Neuesten Nachrichten* vom 29. Januar 1849:

»Gestern ging ein Kurier nach Frankfurt mit dem Antrage, für Prinz Luitpold um die deutsche Kaiserkrone zu werben; dann werde sich Bayern unbedingt allen Beschlüssen unterwerfen; auch Oesterreich sei hiemit einverstanden.«

Man kann angesichts solcher Ambitionen heute nur noch lachen. Auch damals war es in Wien und Berlin nicht anders. Und wie dieser Herr dachte, zeigt ein anderes Dokument. Wenige Jahre nach dem Mord am Starnberger See verkündete er allen Ernstes, die Patenschaft für eine Familie nur noch zu übernehmen, »wenn sieben Knaben in ununterbrochener Reihenfolge geboren sind, wenn alle sieben Knaben noch leben und wenn sie sämmtliche von einer und derselben Mutter sind«.

Überzogener geht es eigentlich nicht mehr. So ein Satz in einer Zeit, in der Sissi der weltweit anerkannte Ausgleich Österreich-Ungarn gelungen ist und Luitpolds eigene

Die Bayern halten ihn für den eigentlichen Königsmörder: Prinzregent Luitpold.

Tochter Therese forscht, reist und schreibt wie nur ein kleiner Bruchteil bayerischer Männer!

Wir können an dieser Stelle keine Biographie des Prinzen und Prinzregenten Luitpold schreiben. Aber solche Details lassen schon Rückschlüsse auf seine Denkungsart zu, die sich zwischen Größenwahn und Frauenfeindlichkeit bewegt.

Nicht viel besser ist 1886 die Regierung, an deren Spitze der 59jährige Johann von Lutz steht. Ein Lehrerssohn aus Münnerstadt, der in Luitpolds Geburtsstadt Würzburg Jura studierte und den Prinzen seit Jugendtagen gut kennt. Ludwig-Biograph Hüttl nennt den Unterfranken »die Seele der gegen König Ludwig gerichteten Fronde«.

Beide Herren haben auch ein gemeinsames Steckenpferd. Die Jagd. 1886 geht es aber weniger gegen Wildschweine, sondern gegen den König.

Aus diesem Grund fehlt es nicht an Versuchen, Lutz zu entlassen. Noch am 11. Mai 1886 schreibt Ludwig II. an seinen Freund und Fourier Karl Hesselschwerdt, er soll zu Kabinettssekretär Friedrich von Ziegler gehen: »Sage ihm, daß die jetzigen Minister weg müssen, sie haben sich bei mir

Sohn eines unterfränkischen Lehrers und Vater des Komplotts gegen König Ludwig II. von Bayern: Johann von Lutz, der leitende Minister.

unmöglich gemacht.« Doch der König ist zur Durchsetzung seines Willens zu schwach und zu weit weg von der königlichen Haupt- und Residenzstadt München.

Andererseits aber kann er gefährlich werden. Ludwig II. stehen auf Grund seiner einzigartigen Stellung auch in düsterer Zeit Mittel und Hilfen zur Verfügung, die jedem Rebellen das Leben kosten können. Ein König ist eben sakrosankt. Also sind sich Luitpold und Lutz auf Gedeih und Verderb ausgeliefert. Und so wird auch die sprichwörtliche »Leiche im Keller« produziert. Ein Schluß der Tiefenpsychologie!

Lutz freilich hat noch ein zusätzliches Problem. Was nützt es ihm, wenn er Luitpold als Prinzregent durchsetzen kann und dieser sich dann, wenn das Abenteuer geglückt ist, einen anderen leitenden Minister sucht? Und so empfiehlt er sich immer wieder. Luitpold andererseits muß ihm eine Zukunftsperspektive bieten. Denn ohne Lutz kommt er nie auf den Thron.

Und so berichtet der österreichische Gesandte Karl von Bruck schon im Februar 1886 von »sehr vertraulichen Besprechungen zwischen Prinz Luitpold und Herrn von Lutz« und dem Junktim: Wird Luitpold Prinzregent, bleibt Lutz Chef des Ministeriums. Also: »Keine Personaländerung« (Bruck).

Diese Absprache hält bis zum Juni 1886. So schreibt Graf Eulenburg-Hertefeld sechs Tage vor dem Transport Ludwigs nach Berg an Herbert von Bismarck, Lutz habe immer wieder betont, »daß ihm Prinz Luitpold sechsmal die unbedingte Versicherung habe aussprechen lassen, daß er bei einem Wechsel das derzeitige Ministerium beibehalten wolle.« Man sieht, wie blank die Nerven sind.

Am nächsten Tag (7. Juni 1886) beginnt dann der Putsch-Countdown. Tollpatschig, anders kann man dieses Theater nicht nennen! Ganze vier Stunden scharen sich in München die Minister um den Prinzen. In zwei Tagen soll eine Staatskommission nach Hohenschwangau reisen und dem König die Entmündigung und seinen Sturz mitteilen.

Ludwig und der (noch freie) Graf Dürckheim kommen jedoch dem Plan zuvor. Noch am 9. Juni ergeht eine Proklamation an das bayerische Volk. Eine raffinierte Schrift. Wir lesen:

»Der Prinz Luitpold beabsichtigt, sich ohne Meinen Willen zum Regenten Meines Landes zu erheben, und mein bisheriges Ministerium hat durch unwahre Angaben über Meinen Gesundheitszustand Mein geliebtes Volk getäuscht und bereitet hochverräterische Änderungen vor.«

Dann die wichtige Passage: »Jeder königliche Bayer wird aufgefordert, den Prinzen Luitpold und das bisherige Gesammtministerium als Hochverräther zu bekämpfen. Ich fühle mich mit Meinem geliebten Volk eins und bin der festen Ueberzeugung, daß Mein Volk Mich auch gegen den geplanten Hochverrath schützen wird.«

Unterzeichnet ist diese Proklamation so: »Gegeben zu Hohenschwangau am 9. Juni 1886. Ludwig II., König von Bayern, Pfalzgraf b(ei) Rh(ein) etc.«

Dieser Aufruf macht natürlich die Sache in München nicht leichter. Und so reagiert man und verbietet die Schrift. Lediglich das *Bamberger Journal* druckt sie. Das hat die Beschlagnahme des Blattes zur Folge.

Indes quartiert sich die Münchner Kommission in Hohenschwangau ein und besäuft sich anschließend total. Ein 40 Liter fassendes Bierfaß und zehn Champagnerflaschen liegen am anderen Tag leer herum.

Dann sollte sich die Mission erfüllen und Ludwig erfahren, daß ihn Onkel Luitpold abgesetzt hat.

Das Gerangel geht schon am frühen Morgen los. Die unmittelbare

Umgebung hilft selbstverständlich zu ihrem König. Leibkutscher Fritz Osterholzer weiß sofort, daß gegen seinen Herrn »etwas Schreckliches« geplant ist. Er rät zur Flucht. Doch Ludwig kann alles gar nicht so recht glauben und zaudert auch, als Luitpolds Kommissare, darunter Holnstein, zur Gewalt greifen. Ein Getreuer des Königs kündigt an, seine Schußwaffe zu gebrauchen.

Im Durcheinander dann das Entsetzliche, das uns schlagartig zeigt, welch schreckliche Mittel man einzusetzen gewillt ist. Einem von Luitpold abkommandierten Pfleger entgleitet ein Fläschchen, aus dem Chloroform strömt, das bekannteste Betäubungspräparat der Zeit.

Diese Hinterhältigkeit bestätigen anwesende Gendarmen, auch Eulenburg-Hertefeld spricht davon: »Zugleich aber beging einer der Irrenwärter die grobe Ungeschicklichkeit, auf dem Schloßhof in Hohenschwangau eine Flasche fallen zu lassen, deren Inhalt beim Bersten einen betäubenden Geruch ausströmte. Wie ein Lauffeuer ging es nun von Mund zu Mund, daß man nicht nur den König entführen, sondern ihn betäuben, wenn nicht gar töten wolle.«

Graf Dürckheim erkennt jetzt als erster, daß man vor einem Königsmord nicht zurückschrecken werde. Er schlägt seinem Herrn vor, von Neuschwanstein sofort ins nahe Tirol zu fliehen. Ludwig II. lehnt ab. Er ist doch König von Bayern und Gottes Gnaden. Doch wie lange noch?

Dann mißlingt das, was kurz darauf in Berg gelingen soll! Irrenarzt Dr. Gudden und seine Wärter stürzen auf Ludwig zu und wollen ihn mit Chloroform betäuben. Anschließend soll er in eine Kutsche geschleppt und abtransportiert werden. Doch Ludwigs Gefolge verhindert diese Aktion.

Unmittelbar nach diesem Angriff schickt Graf Dürckheim einen Boten in das wenige Reitminuten entfernte Reutte in Tirol. Dort kann man ungehindert ein Telegramm an Bismarck aufgeben. Mit Billigung des Königs erfährt nun der Reichskanzler von dem Attentat. Der Preuße telegraphiert sofort zurück und bittet Ludwig II., unverzüglich nach München zu reisen und sich dem Volk zu zeigen.

Indes macht diese Schreckensnachricht schnell die Runde im Oberland. Die meisten ahnen, daß das Leben des Königs gefährdet ist. Und so eilen »von allen Höfen die Männer herbei, Sensen, Äxte, Gebirgsstöcke, Messer in den Händen – eine Schar wie in der Sendlinger Schlacht« (Eulenburg-Hertefeld), um ihren König zu schützen. Die Kommissare müssen wieder abziehen.

Bangen Herzens verfolgen diesen Überfall Kaiserin Elisabeth, der Dürckheim ebenfalls ein Telegramm schickt, und ihre Schwester Helene von Thurn und Taxis am Westufer des Starnberger Sees. Wir wissen alle, Sissi hat ihrer Schwester einst in Ischl den Kaiser Franz

Wegen ihrer Treue zu Ludwig II. lernt Valerie, die Tochter der Kaiserin Elisabeth (Sissi), die Bayern »immer mehr achten«. Mutter und Tochter halten sich am 13. Juni 1886 in Feldafing auf.

Joseph weggeschnappt. Jetzt sind die Wunden geheilt – aber neue brechen auf. Hat Graf Dürckheim recht, daß man dem König nach dem Leben trachtet? Möglicherweise weiß man auch schon, was der Postbeamte Mathaus in der Telegrammstelle weiter erzählte:»Die räumen den König auf die Seite.«

Regen Anteil an diesem Komplott nimmt schon ein 17jähriges Mädchen. Valerie, die jüngste Sissi-Tochter. Das Mädchen, das mit der Mutter nach Feldafing kam, schreibt am 10. Juni in sein Tagebuch:

»Heute ist der König von Bayern als geisteskrank erklärt worden und eine Deputation hat ihn der Regierung entsetzt und Onkel Luitpold die Regentschaft übertragen.«

Jetzt aber ist etwas los in Bayern! Valerie vertraut ihrem Tagebuch am 11. Juni an:

»Tante Henriette, die zu Tisch herauskam: man befürchtet in München, das Volk werde allerorten aufstehen, um Ludwig II. zu schützen und zu verteidigen, was natürlich alles sehr erschweren würde, denn man kann ja doch nicht aufs Volk schiessen, weil es zu seinem König hält.«

Zum Schluß der Satz, der zeigt, daß nicht nur Mutter Sissi, sondern auch das Töchterlein auf der Seite Ludwigs II. steht! Valerie schreibt: »Ich lerne die lieben Bayern immer mehr achten; das ist Treue.« Dann ein schwärmerischer Anflug: »König Ludwig hat immer das Volk für sich da und nicht sich für das Volk da betrachtet.«

Am 12. Juni 1886 weiß jeder, wie es um den König steht. Graf Holnstein, der Verräter, reist im Zug nach Starnberg, um sich von dort nach Berg kutschieren zu lassen. Im selben Waggon sitzt der österreichische Gesandte Bruck. Sein Ziel: Feldafing, wo Kaiserin Elisabeth auf ihn wartet.

Wie immer die Botschaft ihres Mannes Franz Joseph aus der fernen Kaisermetropole Wien lautet, Bruck traut sich nicht, die schöne Frau anzulügen. Sie ist bestens informiert. Und daß sie jetzt versucht, Luitpolds tollkühnen Plan zu vereiteln, verrät uns ausgerechnet dessen Tochter Therese.

Inbegriff scheinbar grenzenloser Freiheit sind für Ludwig II. die Galionsfiguren an seinen Gefährten. Im entscheidenden Augenblick verschmäht er die rettenden Engel und flieht nicht über die nahe Grenze nach Österreich, wo Elisabeth Kaiserin ist. Schloß Nymphenburg.

Natürlich befürchtet ihr Vater eine Intervention Sissis, vielleicht plaudert er in diesen schicksalhaften Stunden des Umbruchs dies alles in München in der Familie aus.

Am Abend des 12. Juni stehen sich zwei unversöhnliche Bataillone gegenüber. Hier der vom König Ludwig II. so genannte »Prinzrebell« Luitpold mit seinem Ministerium der Verräter und dem Militär, dort der Großteil des bayerischen Volkes und die populärste Bayerin, die Kaiserin Elisabeth. Der 13. Juni, das hochheilige Pfingstfest des Jahres 1886, steht vor der Tür.

Anmerkungen, Quellen und Literatur:
Kaiser/Frankfurt: Neueste Nachrichten 29.1.1849; Patenschaft: Neueste Nachrichten 26.7.1892; Lutz: Hüttl, S. 399, Möckl S.138, 147,148; Hesselschwerdt/Ziegler: Schrott S.83; Proklamation: Sailer (im Wortlaut) S.144; Hohenschwangau: Eulenburg-Hertefeld S.75ff, Hüttl S.401ff; Chloroform-Anschlag: Hüttl S.403, 408; Telegramm an Sissi: Eulenburg-Hertefeld S.91; Telegraph Mathaus: Sailer S.147 (die Information stammt vom Berger Fischer Lidl); Regentschaft:Valerie: S. 77; Henriette:Valerie S.77; Bruck: Hüttl S.420; Therese: siehe nächstes Kapitel.

Die Rettungsaktion

Vor dem Pfingstfest 1886 marschiert rund um den
Starnberger See das königstreue Bayern auf,
um Ludwig II. die Flucht zu ermöglichen

Die Nacht vom 12. auf den 13. Juni 1886 kann man die Walpurgis-
nacht des 19. Jahrhunderts in Bayern nennen. Das Volk steht hinter
Ludwig II., berichtet der österreichische Gesandte Bruck nach Wien.
Besonders rund um den Starnberger See gehören dem König die
Sympathien. Was ist das jedesmal für ein Gefühl, ihn in der Mitte zu
haben, mit ihm die Sonntagsmesse zu fei-
ern. 1872 sieht ein Journalist des *Bayerischen Kurier* rein zufällig, wie Majestät mit
einem Adjutanten in Zivil in die Kirche von
Berg schreitet und sich auf ihrem Betstuhl
niederläßt – »ohne Hofstaat und andere
Prominenz, lediglich umdrängt von Ein-
heimischen und Touristen.«

Die andere mystifizierte Person ist drüben auf der Westseite des Sees Kaiserin
Elisabeth. Wenn sie durch Wälder und Fel-
der reitet, schaut ihr bewundernd das Volk
nach. Sie gibt sich leutselig wie wenige Adelige ihrer Zeit.

Und diese hübsche Frau ist, wie darge-
stellt, in die Pläne, den König aus seinem
Gefängnis in Berg zu befreien, eingeweiht.
Daß sie sogar zu den Drahtziehern des gan-
zen Unternehmens gehört, verrät uns Graf
Eulenburg-Hertefeld:

»So war es kein Wunder, daß schon in der
Nacht, als der König von Schwanstein nach
Berg transportiert wurde, Komplotte zu
seiner Befreiung geschmiedet worden sind.
Unter diesen ist in erster Linie die auf die
Befreiung des Königs gerichtete Tätigkeit
der Kaiserin Elisabeth von Österreich zu
zählen.«

Und der Graf aus Preußen fährt fort: »Sie
gehörte deshalb der Partei an, welche die
Entmündigung des Königs für einen Ge-
waltakt des Prinzen Luitpold und des Mi-

*Das Haupt der Befreiungsaktion: Kaiserin
Elisabeth (Sissi), die im Juni 1886 gerade am
Starnberger See weilt und über die Aktionen
rund um Berg genau informiert ist. Standbild
im Wiener Volksgarten.*

28

nisteriums hielt und daher ernstlich an die Befreiung des Königs dachte.«

Schließlich erfahren wir von Eulenburg-Hertefeld noch: »Heimlich hatte sie durch einen Boten Briefe an den König gelangen lassen«. Sie tragen die Aufschrift: »Die Seemöve an den Seeadler.«

Wir wissen (noch) nicht, wie im einzelnen der Fluchtplan aussieht. Doch daß da ein Netzwerk einer großen Zahl von Kollaborateuren besteht, läßt sich aus den schriftlichen Zeugnissen rekonstruieren.

Kommen wir zunächst zu Sissi. Zwei ihrer Informanten kennen wir mit Namen: Anna Vogl, die Posthalterin in Seeshaupt, und Graf Dürckheim, der allerdings die Nacht zum Pfingsttag im Kerker verbringen muß. Vorher aber spielte er der Kaiserin alle wichtigen Informationen zu.

Ein dritter Informant und Gesinnungsgenosse der Kaiserin ist der 43jährige Freiherr Eugen von Beck-Peccoz, Herr auf Eurasburg und Freund Dürckheims. Er stellt Fluchtkutschen und -pferde zur Verfügung. Vom ganzen Abenteuer erfährt auch der zwölfjährige Sohn Willibald (von Beck-Peccoz, der spätere Herr auf Hohenberg bei Seeshaupt).

Wie eng das Band ist, läßt uns Richard Sexau wissen, der eine Biographie über Karl Theodor in Bayern verfaßte, also über den Lieblingsbruder Sissis. Wir lesen:

»Graf Dürckheim, des Königs Adjutant, stand mit der Kaiserin in Verbindung, als er veranlaßte, daß jenes Gefährt von Baron Beck aus Eurasburg zur Abholung des Königs nach Berg fuhr. Dies hat Graf Dürckheim dem Sohn des Besitzers jenes Wagens selbst erzählt...«

Dürckheim ist es auch, der behauptet, Ludwig habe »einen Fluchtversuch zu seiner Base der Kaiserin von Österreich« geplant. Er sagt das genau so seinem Freund Richard Voß, der in seinen Memoiren schreibt: »Alle die tragischen Einzelheiten dieses Königsdramas erfuhr ich später durch des Königs Adjutanten, Grafen Alfred Dürckheim, mit welchem Getreuesten aller Getreuen ich in München manche liebe Mitternacht in erregten Gesprächen heranwachte.«

Unabhängig davon greift der Kunsthistoriker Hermann Uhde-Bernays den Sachverhalt auf. Er fragt in seinen Lebenserinnerungen: »Hat in Leoni die österreichische Kaiserin Elisabeth mit ihrem Wagen gewartet?«

Von den Verstrickungen Sissis in die Affäre haben wir aber eine phantastische Kronzeugin: die bereits erwähnte Therese, Tochter des Prinzregenten Luitpold. Sie behauptet:

»Eine gerade am Starnberger See befindliche hohe Dame, es läßt sich erraten wer (sie war eigenartig veranlagt wie der König und ein herbes Geschick wollte, daß sie geraume Zeit später durch Mörderhand fiel) also, diese hohe Dame hatte im Geheimen einen Befrei-

ungsplan ins Werk gesetzt und hievon den König verständigen lassen. Ein Kahn wartete den 13. Juni Abends nicht weit vom Gartengitter von Berg, seeaufwärts, den Fliehenden aufzunehmen. Der König hatte nur beim Gitter in das Wasser zu treten, das Gitter im Wasser zu umgehen, jenseits desselben das Ufer wieder zu gewinnen oder im seichten See mit der Zeit dem Kahn zuzuwaten, die weitere Flucht, dem Gebirge zu, sollte zu Wagen erfolgen...«

Das heißt, Elisabeth hat einen ihr vertrauten Spitzel in der streng bewachten Anlage von Berg, der dem König Informationen liefert. Zu denken ist da natürlich an einen Wärter. Ob ihn Dr. Gudden entlarven kann?

In Kontakt mit Sissi stehen mit großer Wahrscheinlichkeit auch die Brüder Ewald und Richard Hornig. Ersterer ist Major, dem König Ludwig II. die Villa Seeseiten am Starnberger See geschenkt hat, letzterer Stallmeister und Privatsekretär des Königs. Zusammen mit dem Grafen Karl Borromäus von Rambaldi, dem das Schloß Allmannshausen am Starnberger See gehört, patrouilieren sie den ganzen Pfingsttag auf dem See.

Auch über diese Aktion berichtet Sexau, der sich auf die Erzählung der Gräfin Mathilde von Rambaldi bezieht. Ein sensationeller Report, in dem steht:

»Am 13. Juni selbst seien Graf Rambaldi, der Gatte der Kronzeugin, und die beiden Brüder Hornig den ganzen Vormittag über im Ruderkahn zwischen Leoni und Berg hin und her gekreuzt, ungeachtet der unausgesetzten Regengüsse. Auf die Frage der Gräfin nach dem Grund dieses höchst zweifelhaften Vergnügens habe der Gatte die ausweichende Antwort erteilt, es mache ihnen eben Spaß. Gleich nach dem Mittagessen aber hätten die drei Herren wiederum den Kahn losgemacht, um den ganzen Nachmittag über unablässig zwischen dem Dampfersteg Leoni und Berg hin und her zu rudern.«

Daß das Befreiungsnetz bis St. Heinrich gespannt ist, wurde bereits angedeutet. Der dortige Wirt verbringt ebenfalls den ganzen Tag auf dem See. Hinter seinem Gasthof steht eine verhängte Kutsche. Der dies so mitteilt, ist ein Urenkel des Wirtes namens Georg Böck.

Über dieses Befreiungsnetz berichtet auch einer der wichtigsten Zeugen des ganzen Geschehens: der in Berg wohnende Königsfischer Jakob Lidl. Er kennt alle Details, schweigt sich aber aus, wofür er reichlich belohnt wird, wie wir noch sehen werden. Zunächst sei soviel verraten, daß er am Ende seines Lebens doch plaudert. Danach hätten auf den Fluchtkahn in Leoni, Ammerland, Ambach und Seeshaupt Kutschen gewartet, um den König nach Tirol zu bringen. Zur Verfügung gestellt hat diese Gefährte der bereits erwähnte Baron Eugen Beck-Peccoz von Eurasburg.

Es ist also etwas los auf dem See und an seinen Ufern. Einer der kompetentesten Ludwig-Kenner früherer Jahre, Werner Richter, schreibt in seiner 1939 in der Schweiz verlegten Königs-Biographie, »daß unterdessen in der regennassen, donnergrollenden Nacht die Bauern an den Seeufern Feuersignale zu entfachen suchten.« Und er fährt fort: »Wie die Feuer in der regnerischen Pfingstnacht, so schwelte es im ganzen Oberland...«

Daß dies so richtig ist, bestätigt schon sehr eindrucksvoll Oskar Maria Graf. Im Wirtshaus seines Heimatdorfes erzählt man: Es »würden die Gebirgsbauern scharenweise gen Berg ziehen, um für den guten König einzustehn.«

Der Überzeugung, daß am Starnberger See etwas ganz Schlimmes passieren wird, ist auch der preußische Graf Eulenburg-Hertefeld. Er fährt unverzüglich nach Starnberg, um den Ereignissen ganz nahe zu sein und seinen Hof ausführlich informieren zu können. Seine Berichte sind für uns heute wichtige Geschichtsquellen.

Anmerkungen, Quellen und Literatur:
Bruck: Hüttl S.413; Berg: Merta S.265; Rettungsaktionen: Eulenburg-Hertefeld S.106f, Sexau S.330; Kaiserin Elisabeth: Voß S.415, Uhde-Bernays S.44; St. Heinrich: Mitteilung von Frau Sylvia von Lichem (mit ihr besuchte der Nachfahre aus St. Heinrich die Schule); Lidl: Auskunft von Albert Widemann, Leutstetten; Feuersignale: Richter: S.313; Gebirgsbauern: Graf (Mutter...), S.260; Eulenburg-Hertefeld: Sailer S.134.

»Unser armer, guter Ludwig«

Oskar Maria Graf aus Berg erzählt von dem massiven
Aufgebot an Gendarmen, die über das gesamte Dorf
eine Ausgangssperre verhängen

Es ist völlig klar, daß die Verhaftung und Internierung des Königs von
Sicherheitskräften eskortiert wird. Davon freilich ist in den Zeitungen
nichts zu lesen. Gut, man darf von Starnberg nicht nach Berg, aber es
wird nicht gesagt, warum das so ist. Und so bilden sich Gerüchte, die
es dem Prinzen Luitpold und seinen Ministern nicht einfacher machen, ja sie von Anfang in Mißkredit bringen.

Was in Berg los ist, teilt uns in aller Ausführlichkeit Oskar Maria
Graf in seinem Klassiker *Das Leben meiner Mutter* nach den Erzählungen seiner Vorfahren mit.

Diese Schilderungen sind für uns deswegen sehr wichtig, weil sie
zeigen, daß die Übernahme der Regentschaft durch Luitpold ein ge-
fährliches Spiel ist. Auf die Dauer kann er gegen einen vom Volk
gestützten und geschützten König nicht bestehen. Und nur so ist es
logisch, daß Ludwig II. beseitigt werden muß.

Doch hören wir zunächst den Zustandsbericht in Berg. Aus der
Feder von Oskar Maria Graf.

»Sie wollen ihn einfach absetzen, unseren Ludwig! Eine Schand!
Aber da, glaub' ich, verrechnen sich die Herren, da geht das ganze
Bayernvolk los«, schimpft der »Mehlreisende« in Grafs Buch. Ein an-
derer echauffiert sich: »Absetzen?! Absetzen – den König?!«

Und dann folgt die Feststellung: »Drunten im Schloßhof, dessen
Tor rasch zugezogen wurde, hatten sich die eben angekommene Rei-
terei und verstärkte Gendarmerieabteilung eingefunden. Fremde Wa-
chen marschierten vor der Schloßmauer auf und ab, mit verschlossenen Mienen. Barsch trieben sie jeden stehenbleibenden Neugierigen
weiter.«

Auch der Müller und seine Familie verfolgen den Auftrieb. Sie werden angeschrieen: »Ins Haus mit euch! Was gibt's da zu gaffen!«

Oskar Maria Graf: »Erschrocken verschwanden die Angerufenen,
aber sie lugten insgeheim fortwährend durch die trüben Fenster.
Zwei- oder dreimal sausten dunkle Kutschen vorüber und rollten in
den Schloßhof. Gegen Abend kam in jedes Berger Haus ein höherer
Polizeibeamter mit zwei Gendarmen. Sie verlangten nach dem Fa-
milien-Oberhaupt.«

Dann erfahren die Berger, was sie zu tun haben: »Ab heute ist es
verboten, nach Einbruch der Dunkelheit die Straße zu betreten, Be-
suche zu machen oder sich in Wirtshäusern aufzuhalten! Bei Tag darf

Im Schloß Berg, so entnehmen wir den Schilderungen des Dichters Oskar Maria Graf, ist Ludwig II. »eingesperrt wie ein gefangener Vogel«.

Armer König Ludwig. In Gefangenschaft kann er auf Dauer nicht bleiben, denn zu stark ist sein und des Volkes Wille, weiter den Thron einzunehmen. Vor der Rückkehr fürchten sich aber Luitpold und seine Minister, denen Hochverratsprozesse sicher sein würden. Da bleibt nur eine einzige Möglichkeit. Der Tod. Es muß schnell gehandelt werden. Bürgermeistermedaille im Schloßmuseum Ismaning.

niemand sich in die Nähe der Schloßmauern oder oben am Parkzaun sehen lassen. Das ist streng untersagt, verstehen Sie?!«

Dazu wieder Graf: »Wortlos, staunend und betreten hörten es sich die Berger an. In jeder Stube, ja sogar in den Schlafkammern wurde noch lange raunend gesprochen und gerätselt, was denn das alles zu bedeuten habe.«

Natürlich denkt keiner »mehr an eine regelrechte Arbeit«. Man hat die Kutsche mit dem König in das Schloß fahren sehen. Jetzt die Gerüchte. Hans Schmalzer aus Berg sagt: »Schauderhaft! Schauderhaft! Sagen tut man, der König ist narret (irrsinnig). Von der Stadt sind Doktoren da! Die Majestät ist eingesperrt wie ein gefangener Vogel! Ja, hm, kann's denn so was geben? So was! Unser armer, guter Ludwig!«

Graf erzählt weiter: »Im Dorf tauchten überall Gendarmerie-Patrouillen auf. Feindselig und drohend sahen sie aus mit ihren umgehängten Karabinern. Mit bösen Blicken verfolgten sie die Leute. Die Kinder liefen erschreckt vor ihnen davon. Eine seltsame Lautlosigkeit, ein stummer Druck durchzog Berg. Jeder Mensch war eingeschüchtert und empört, und in mancher Stube schimpfte einer.«

Und was hört man dort? Graf: »Ja, Herrgott, muß man sich das gefallen lassen? Das Maul soll jeder halten, und unsern König wollen sie wegräumen?! Ganz insgeheim wollen sie ihn umbringen wie einen Lumpen! Diese Sippschaft!«

Der Rosenkranz am Samstag ist besucht wie kaum je zuvor. Graf: »Zwar leierten sie die üblichen Gebete und Litaneien nicht anders als sonst herunter, aber kein Mensch hatte die rechte Andacht. Später, vor der Kirche und beim Klostermaier in der Wirtsstube, wurde erzählt, daß die Gebirgler aus dem Schwangau rebelliert hätten, dabei habe es verschiedene Tote gegeben.«

Im Wirtshaus, in dem untertags noch Bier ausgeschenkt wird, ist natürlich die Gefangenschaft des geliebten Königs einziges Thema. Da tritt plötzlich ein von mehreren Gendarmen begleiteter Oberwachtmeister ein und schreit: »Auseinander! Gehts heim! Schluß machen!« Jeder soll zahlen. Dann der Ausruf des Uniformierten: »Höchster Befehl!«

Graf: »Brummend und zähneknirschend gingen die Leute an den wartenden Gendarmen vorüber und stapften in den dunklen Regen hinein.«

Was wäre nun gewesen, wenn die Bauern und Fischer, Handwerker und Knechte bewaffnet gegen die Gendarmen gezogen wären. Daß dahin nicht weit ist, deutet Graf an. Hans Daiser aus Berg schreit: »Herrgott, Männer! Wir haben Siebzig und Einundsiebzig mitgemacht und keine Kugel geforchten, und jetzt, wo's gegen unsern König geht...«

Anmerkungen, Quellen und Literatur:
Zeitungen: Die Neuesten Nachrichten berichten mit keiner Zeile über die Sicherheitsvorkehrungen durch Militär und Polizei. Sonst alle Zitate: Graf (Mutter...) S.257ff

Die Pfingstkatastrophe deutet sich an

Rekonstruktion des 13. Juni 1886 vom Erwachen
des Königs Ludwig II. um 8 Uhr bis zum Antritt
des Abendspaziergangs kurz nach 18.45 Uhr

Im strömenden Regen eilt ein Mädchen mit seinem Brotkorb im
Morgengrauen des Pfingsttages zum Schloß, um dort seine Waren
abzugeben. Es ist Katharina Graf, die Bäckerstochter und Tante des
Dichters Oskar Maria Graf. Nach seinen Worten sieht sie »am selbi-
gen Unglückstag an jedem Schloßtor Gendarmen«, wie er in seinem
Geschichtenband *Größtenteils schimpflich* erzählt. Danach ist der
Bäckerstochter »der Wachtmeister Saur von Starnberg gleich entge-
gengekommen, hat barsch gefragt, was sie will, hat ihr das Brot abge-
nommen«.

Dann herrscht sie der Polizist an: »Das wird schon abgeliefert. Und
jetzt mach, daß du heimkommst und laß dich nimmer sehn, verstan-
den!«

In Berg rüstet man indes an Pfingsten zum Kirchgang. Lauschen
wir weiter den Schilderungen Grafs, die diesmal wieder in seinem
Buch *Das Leben meiner Mutter* festgehalten sind:

»Vollzählig wie nie wanderten die Männer, Weiber und Kinder dem
Pfarrdorf zu. In Berg sollte – so sprach sich herum – eine Messe in der
kleinen Kirche stattgefunden haben. Sie war aber noch gestern abend
abgesagt worden. Einige wollten wissen, daß der König den Wunsch
geäußert habe, dieser Stillen Messe beizuwohnen. Man habe es ihm
aber versagt. Jeder Mensch war voller Grimm. Alle warteten gespannt,
ob denn der sonst so offenherzige, derbe Pfarrer Klostermaier nicht
irgendeine Bemerkung über die schändlichen Ereignisse im Berger
Schloß während seiner Predigt fallen lasse, doch der Geistliche schien
diesmal eigentümlich gehemmt zu sprechen.«

Den Kirchgängern fällt aber auf, daß Hochwürden am Schluß seiner Predigt zwar wie üblich die Hände faltet, aber nicht mehr sagt:
»Lasset uns beten für unseren allergnädigsten, erlauchten Landes-
vater, Seine Majestät, unseren vielgeliebten König Ludwig!«

Vielmehr gebraucht der Priester die Worte: »Und lasset uns beten
für unser gnädiges, erlauchtes Königshaus.«

Wir stellen fest: Das liturgische Todesurteil über den König ist
schon am Vormittag dieses Pfingstfestes gefällt.

Und die Eskorte der Verbrecher geht weiter. Graf berichtet über die
Zeit nach der Festmesse: »Beim Wirt Klostermaier saßen diesmal
sechs Gendarmen, als warteten sie. Die Bauern schauten sie haßtief
an und machten kehrt. Auch beim Wiesmaier, in Leoni, ja sogar in der

entfernten Rottmannshöhe – so wurde später bekannt – befänden sich solche Polizeitruppen.«

Daß da eine ungeheuerliche Tat in der Luft liegt, merkt jeder Berger. Und Oskar Maria Graf erzählt nach den Mitteilungen der Vorfahren weiter:

»Die Erbitterung in der ganzen Pfarrei stieg von Stunde zu Stunde. Untätig hockten die Dörfler in ihren Stuben und spähten durch die Fenster. Manchmal hielten sie den Atem an und lauschten gespannt, als wollten sie feststellen, ob denn die Haufen der Gebirgler schon anmarschiert kämen.«

Den König Ludwig II. erwartete man also umsonst im Gotteshaus. Wir erfahren nur, daß ihm der Kirchgang strikt verboten wurde. Das ist auch logisch, denn das Idol inmitten seines Volkes hätte das Todesurteil für Luitpold und Lutz bedeutet.

Tausende von Bayern sind bereit für ihren König Blut und Leben zu lassen. Eine Aktion des Militärs würde zu einem Skandal mit unübersehbaren Folgen führen. Also muß der König seine letzten Stunden in Haft verbringen.

Morgendienst hat bei Ludwig II. seit 6 Uhr früh der Pfleger Bruno Mauder, der seinen König schon von Hohenschwangau her begleitet hat. »Die Nacht vom Samstag zum Sonntag hatte der König ruhig im Bette zugebracht«, berichtet Dr. Grashey, Vertreter und Schwiegersohn des Dr. Gudden. Eine zwielichtige Person, die aber am Mord wegen eines wasserdichten Alibis nicht unmittelbar beteiligt sein kann!

Um 8 Uhr läßt sich Dr. Gudden beim König anmelden, er wird auch gleich vorgelassen, dann kommt Dr. Grashey hinzu. Beide sprechen von 8.15 bis 8.45 Uhr mit dem noch im Bett liegenden Inhaftierten. Grashey teilt dazu mit: »Während der ganzen Unterredung war der König ruhig und sehr freundlich. Gleich stand er auf.«

Die Morgentoilette besorgt mit dem König der Pfleger Mauder. Daß der Gefangene seiner Sonntagspflicht nicht nachkommen darf, wurde bereits erwähnt. Nicht aber die Tatsache, daß ihm sogar sein Wunsch, mit einem Priester zu sprechen, abgeschlagen wird.

Um 10 Uhr brechen König und Irrenarzt Dr. Gudden zu ihrem ersten Spaziergang auf. »Die Initiative zu demselben ging nicht vom König aus, sondern von Gudden«, berichtet Grashey. Er fährt fort: »Da es etwas regnete, so liess sich der König Paletot (doppelreihiger Herrenmantel mit Samtkragen) und Regenschirm bringen und begab sich mit Gudden in den Park.«

Dann eilt Grashey in das Vorzimmer des Königs, um den Spaziergängern zuzuschauen. Er teilt dazu mit:

»Auf dem längs des Sees hinführenden Fusspfad, welcher anfangs etwa 50 Meter vom Ufer entfernt ist, sich gegen das Parkende zu mehr

Die Generalprobe am Vormittag des 13. Juni 1886: Dr. Gudden fordert einen Pfleger auf, einen größeren Abstand zu halten. Am Abend schaltet er Pfleger und Gendarmen ganz aus.

dem Seeufer nähert, nur selten freien Ausblick auf den See gestattet und durch Wiesenflächen und Gebüsch vom Ufer geschieden ist, gewahrte ich einen langsam dahinschreitenden Gendarmen, bald darauf erschienen auf demselben Wege der König und Gudden sehr langsamen Schrittes, ruhig mit einander sprechend; etwa 30 Schritte hinter ihnen folgten zwei Pfleger. Es dauerte nicht lange, so wandte sich Gudden nun mit einer Handbewegung gegen die Pfleger, welche offenbar sagen sollte, dieselben möchten grösseren Abstand einhalten.«

Das alles klingt schon sehr nach einer Generalprobe. Natürlich stören die Pfleger – und Gendarmen! Aber da kann Abhilfe geschaffen werden, wie wir gleich sehen werden.

Nach dem Spaziergang serviert Mauder dem König das zweite Frühstück. Ohne die Ärzte Dr. Gudden, Dr. Grashey und Dr. Müller. Sie speisen mit dem Baron Washington im Kavaliershaus am See. Im Verlauf dieser Mahlzeit sagt Dr. Gudden, der König habe ihn immer wieder gefragt, »ob man ihm denn nicht nach dem Leben strebe«.

Und dann verrät sich Dr. Gudden. Er teilt den Zechgenossen mit, am Abend gehe er mit dem König allein spazieren. Warum das? Da halten sich doch mehrere bezahlte Pfleger im Schloß auf, warum dürfen sie nicht mitgehen? Und so widerspricht schon sehr heftig Dr. Müller. Übrigens auch Baron Washington.

Im Schloß indes erscheint um 14.30 Uhr Stabskontrolleur Friedrich Zanders, dem Dr. Gudden zuvor das Versprechen abnahm, mit dem inhaftierten König nicht über eine Flucht zu reden.

Zunächst fragt Ludwig den Besucher, wieviel Gendarmen sich im Schloß aufhalten: Sechs bis acht, lautet die Antwort.

Dann will der König wissen, ob sie auf ihn schießen würden. Zanders verneint. Ludwig philosophiert nun und behauptet, seine Haft werde wohl lebenslang sein, denn seine Peiniger müßten im Falle einer Freilassung seine Rache fürchten. Nach einer Weile werde man ihn wohl ermorden. Sofort spricht Zanders von der Ehrenhaftigkeit des Prinzen Luitpold. Darauf Ludwig: »Ja, das sieht man an dem, was geschehen ist.«

Schließlich wird Zanders vom König in eine Ecke gedrängt, so daß man beide nicht durch die Gucklöcher in den Türen sehen kann. Ludwig stellt dem Besucher Fragen, die sich auf seine Fluchtchancen beziehen. Doch der Stabskontrolleur erinnert sich seines Ehrenwortes, das er Dr. Gudden geben mußte, und bittet Majestät um Entlassung. Der Boden ist ihm zu heiß geworden.

Jetzt herrscht im Schloß Berg Alarmstufe Nummer eins. Die von Kaiserin Elisabeth geförderte Befreiungsaktion bestätigt Zanders, der das von den Spählöchern aus nicht feststellbare Fluchtgeflüster sogleich weitererzählt. Wie sonst wüßte man davon? Beide waren ja von den Spitzeln nicht zu sehen.

Nach diesem Intermezzo läßt Ludwig den inzwischen vom zweiten Frühstück zurückgekehrten Dr. Müller kommen. Man spricht etwa von 15.15 bis 16 Uhr über viel Nebensächliches und dann ganz kurz über das für den König Wesentliche. Das Gespräch liegt aufgezeichnet vor und zeigt, daß der Gefangene hellwach ist. Er versteckt seine Fragen so geschickt in Bagatellen, daß dem Dr. Müller nicht recht klar ist, was der Monarch eigentlich in Erfahrung bringen will. Der Arzt sagt nämlich, er sei in dieser kurzen Zeit ausführlicher als in einem Staatsexamen ausgefragt worden. Ein Detail aus dem aufschlußreichen Dialog:

Ludwig II.: »...dann schreiben Sie, es ginge mir recht schlecht; man freut sich doch, wenn man hört, es ginge schlechter mit mir.«

Dr. Müller: »Majestät, ich bin fest überzeugt, daß man nur dann Freude empfinden wird, wenn man hört, daß es dem König wieder besser geht.«

Ludwig II.: »Ja, es ist doch sehr leicht, dem Menschen ein Mittel in die Suppe zu schütten, daß er nimmer aufwacht.«

Es entsteht eine kurze Pause, und das Gespräch wird fortgesetzt:

Ludwig II.: »Was gibt es für Schlafmittel?«

Dr. Müller: »Es gibt deren eine Reihe: Opium, Morphium, Chloralhydrat, Bäder, Waschungen, gymnastische Übungen.«

Nun lenkt der König wieder auf Nebensächliches, um dann die Frage anzuschließen, ob er immer von ihm – Dr. Müller – betreut werde. Dieser verneint und sagt, daß er sich mit einem Kollegen abwechsle. Und so endet schließlich das Gespräch:

Ludwig II.: »Nun der wird mir schon ein Mittelchen wissen, mich unbemerkt aus der Welt zu schaffen.«

Dr. Müller: »Majestät, ich kann für meinen Kollegen bürgen wie für mich, die Pflicht des Arztes ist es, zu bessern und zu heilen, nicht aber zu vernichten.«

Ludwig II.: »Ja, Ihnen traue ich, aber den andern?«

Man kann es drehen und wenden, wie man will. Zusammen mit anderen ängstlichen Äußerungen verrät diese Unterhaltung: Der Wittelsbacher bangt um sein Leben. Kaum auszuschließen, daß er entsprechende Warnungen erhielt.

Als gegen 16 Uhr das Gespräch beendet wird, rüstet man zum Essen, das dann eine halbe Stunde später von Pfleger Mauder aufgefahren wird. Entgegen der bisherigen Absicht, den Lebenswandel des Königs zu normalisieren, kredenzt man ihm viel Alkohol: Ein Bier, fünf Gläser Wein und zwei Schnäpse. Bedenkt man, daß die Speisen »reichlich« sind, was später Dr. Grashey bei der Sektion feststellt, kommt man bei Ludwigs Gewicht von 120 Kilogramm auf gut 1,5 Promille Alkohol im Blut.

Reichlich ist auch das Essen drüben in Feldafing. Man tischt der

Kaiserin Elisabeth an diesem Tag Starnberger Saibling, Spargel mit Butter, Rinderfilet, Kalbsvögerl und Wickelmus zum Nachtisch auf. 16 Personen nehmen an dem Mahl teil, 16 Personen wissen, was geschehen kann im Schloß Berg.

Draußen regnet es, und Sissi kann und mag es gar nicht so recht schmecken. Denn jetzt nahen die alles entscheidenden Stunden.

Deshalb wieder zurück nach Berg! Während des Königs Mahlzeit unterhält sich Dr. Gudden mit Baron Washington in einem abgesonderten Zimmer. In dieser Zeit verabschiedet sich (exakt um 16.45 Uhr) der Irrenarzt von seinem Schwiegersohn Dr. Grashey. Schon am nächsten Tag, dem Pfingstmontag, wolle man sich in München wieder sehen, sagt man sich am Schlag der Kutsche.

Da stimmt doch wirklich etwas nicht! Die erste Person im Königreich Bayern, der beliebte »Märchenkönig«, verliert plötzlich den Anspruch, die zwei bedeutendsten Fachärzte (wenigstens werden sie dafür gehalten) bei sich zu haben. Am Vormittag sagte sich der Pfarrer in einem quasi frevelhaften Akt von ihm los, jetzt der Doktor! Da fehlt natürlich von Seiten des Prinzen Luitpold jede Fürsorge für den Neffen.

Für den Neffen? Und schon offenbart sich mit einemmal die ganze Tragödie der Wittelsbacher. Ludwig II. ist nämlich gar nicht der leibliche Neffe Luitpolds. Wir haben den Sachverhalt schon angedeutet, als wir vom Tripper König Maximilians II. sprachen. 1835 hat sich dieser die damals unheilbare Krankheit bei einem Lustbad von einer Ungarin geholt.

Man wollte vor einem halben Jahrhundert die Sache geheim halten, was natürlich nicht gelang. Eigentlich hätte Maximilian sofort auf seine Kronprinzenwürde verzichten müssen. Doch stattdessen mußte der Jüngere, Luitpold nämlich, zusehen, wie man als Kronprinzessin ein 16jähriges, unaufgeklärtes Mädchen, die Marie von Preußen, aus Berlin holte, sie mit Wein bewußtlos machte und sich an ihr verging.

Luitpold hat das gewußt und auch seinem Sohn Ludwig erzählt. Und dieser ernannte sich 1913 prompt zum König – mit

Königin Marie, die Mutter Ludwigs II. Ihr wirft der Sohn vor, »ihn nicht aus der Ehe mit König Max empfangen zu haben«. Luitpold erachtet deshalb den König nicht als seinen Neffen, also auch als keinen Wittelsbacher.

dem Hinweis, der noch lebende Bruder des »Märchenkönigs«, Otto, sei ebensowenig von Maximilian II.

Jetzt verstehen wir schlagartig den Prinzen Luitpold. Er kann eine ärztliche Fürsorge durch den ersten Arzt für den ersten Mann gar nicht für nötig halten, denn der erste Mann ist ja kein Wittelsbacher.

Dann ist da noch so einer pikanten Geschichte zu gedenken: Wenn man den König für verrückt hält, könnte er es auch sein – und heiraten. Er ist jetzt 40 Jahre alt, jeder würde ihm eine Familiengründung abnehmen. Trotz aller anderen Gerüchte, die von den Bauern sowieso nicht geglaubt werden! Er muß ja nur vor den Traualtar gebracht werden. Alles andere könnte ja ähnlich wie bei seinem Vorgänger Maximilian II. ablaufen. Dann ist es schon überhaupt nicht mehr möglich, von den Wittelsbachern auf dem Bayernthron zu sprechen.

Das Problem Luitpolds ist also äußerst vielschichtig und im Prinzip nur mit einem Mittel ganz aus der Welt zu schaffen: Tod!

Diese Umwege sind in unserer Darlegung notwendig, um die Vorgänge in Berg ganz zu verstehen. Nun aber fort in dieser dramatischen Geschichte! Um 18.25 Uhr gibt Dr. Gudden in Berg ein Telegramm an Minister Lutz auf: »Hier geht es bis jetzt wunderbar gut. Persönliche Untersuchung hat übrigens das schriftliche Gutachten nur bestätigt.«

So ein Schwachsinn, der Dr. Guddens krankes Hirn offenbart! Darauf verweist auch Ludwig-Biograph Hüttl: »Zwei Sätze, die einander wohl widersprachen. Denn das Gutachten war davon ausgegangen, daß der König tobsüchtig sei, seine Diener schlage, sich betrinke, ständig unkontrollierte Wutanfälle habe, an Halluzinationen leide, Schritte von Personen höre, die gar nicht existierten, und vor allem daß er nicht logisch denken könne. All dies wurde in Berg nicht bestätigt.«

Man sieht, hier wird ein Mord vorbereitet. Ein Arzt darf sich nicht so widersprechen und so aufputschen lassen. Die Diagnose müßte ganz anders lauten. Etwa so: Der König benimmt sich ganz normal, ist mißtrauisch (gegenüber uns), stellt sachliche Fragen und ist überhaupt nicht aggressiv. Dazu hat er Todesängste.

Und wir ergänzen, was ja auch stimmt.

Und da stößt einem weiter die Eile auf. Das Telegramm hätte doch bis zum anderen Tag Zeit. Warum will Lutz ausgerechnet am hochheiligen Pfingsttag, an dem niemand im Königreich arbeitet, eine Eilmeldung? Die Antwort ist doch klar! Man möchte und muß in München unbedingt über eine verbrecherische Operation und die Vorbereitungen dazu auf dem laufenden sein. Es handelt sich ja um ein »Trauerspiel, das ganz Europa in Aufregung versetzte« (Eulenburg-Hertefeld).

»Hier geht alles wunderbar gut«, telegraphiert Dr. Gudden. Was soll denn dieser Satz? So etwas sagt man, wenn die Geschäfte gut laufen, wenn man auf Hochzeitsreise oder glücklicher Vater geworden ist. Diesen Ausspruch kann man doch nur machen, wenn die Sonne scheint, das Glück lacht.

Und so sehen wir wieder ein Indiz, das gegen den Dr. Gudden spricht. Er meint schon das ihn scheinbar begleitende Glück, den großen Erfolg vor den Regierenden in München. Die Vorbereitungen zu einer allseits befriedigenden Lösung des Problems sind mit Lügen und Intrigen gut gelaufen bis jetzt. Dr. Gudden ist absolut Herr des Verfahrens. Noch!

Mit Sicherheit kennt Dr. Gudden die Fluchtabsichten Ludwigs II. – Und dieser gibt sich ruhig. Er beobachtete untertags mit dem Fernrohr den Schiffsverkehr auf dem See und weiß, jetzt heißt es, stark sein. Er muß fliehen. Wozu warten die vielen Boote auf dem See, die Kutschen an Land und Kaiserin Elisabeth, der Spargel und Starnberger Saibling nicht recht schmecken konnten, an einen glücklichen Ausgang des Abenteuers?

Bizarre Realität. Am 13. Juni (Datum oben rechts) verspeist Sissi einen Fisch aus dem Starnberger See, in dem am selben Tag ihr Freund Ludwig den Tod findet. Auszug aus der Menükarte; im Besitz der Familie Borchard (Feldafing, Hotel »Kaiserin Elisabeth«).

Anmerkungen, Quellen und Literatur:
Katharina Graf: Graf (Größtenteils...) S.89; Pfingstgottesdienst: Graf (Mutter...) S.261; Bericht Mauders: Merkt S.196; Grashey: Merkt S.184; Priester: Hüttl S.422; erster Spaziergang: Merkt S.184f; die Menükarte Sissis ist im Besitz der Familie Borchard (in Feldafing, Hotel »Kaiserin Elisabeth«); zweites Frühstück und Besuch Zanders: Hüttl S.422f, Richter S.390; Dialog Ludwig-Dr. Müller: Schrott S.99f; Abstammung Ludwigs: Reiser S. 32ff; Ludwig III.: Der König sagt das zu Oskar von Miller auf einem Herrenabend 1913 (Mitteilung Martin A. Klaus, dessen Großvater es so gehört hat); Telegramm: Hüttl S.425.

Dr. Gudden bereitet das Verbrechen vor

Auf Anweisung des Irrenarztes darf auf dem Abendspaziergang im Schloßpark kein Pfleger teilnehmen; die Polizei wird nicht verständigt

Dieses Kapitel gehört ganz dem frühen Abend des 13. Juni 1886 und den gesicherten Erkenntnissen. Die Spreu (der inszenierten Falschmeldungen) wird vom Weizen (der Fakten) getrennt. Und da ist zunächst jenes Wichtigtuers zu gedenken, der am Nachmittag des Pfingstsonntags schon längst auf dem Wege nach München ist: Dr. Grashey. Er setzt den Beginn des zweiten Spaziergangs auf 18.30 Uhr fest. Und damit beginnt die erste große Unwahrheit, die zwar ideal in sein Lügengewebe paßt, aber eben doch eine Lüge ist.

Ein Mann, der den Aufbruch vom Schloß aus beobachtet, ist Gendarm Johann Lauterbach. Er gibt zu Protokoll: »Um 6 3/4 Uhr, es mag ein paar Minuten vorher drei Viertel geschlagen haben, sah ich Seine Majestät mit Medicinalrath Gudden das Schloss durch die Hinterthüre verlassen.«

Diesem Augenzeugen müssen wir deswegen glauben, weil er keinerlei Grund zur Lüge und Manipulation hat. Man fragt ihn, er antwortet. Nehmen wir ihn beim Wort, dann ist die Möglichkeit eines Abmarsches vor 18.45 Uhr auszuschließen. Kurz danach – 18.46/18.47 Uhr – beginnt Ludwig seinen Schritt in die Todesfalle.

Ohne zu wissen, welch ungeheure Folgen diese Angabe hat, proklamiert auch das Ministerium in München die Zeitangabe 18.45 Uhr. Wir nehmen an, daß die nähere Angabe des Gendarms Lauterbach (»...es mag ein paar Minuten vorher drei Viertel geschlagen haben«) des leichteren Verständnisses wegen und nicht aus Absicht unterschlagen wird.

Wichtig ist aber in diesem Zusammenhang, daß Grasheys Aussage (18.30 Uhr) sämtlichen amtlichen Darstellungen und Feststellungen der am Ort Weilenden entgegensteht. Weil die Zeit des Aufbruchs so entscheidend ist, berichten wir etwas ausführlicher über die Quellenlage:

In der *Amtlichen Verlautbarung* vom 14. Juni heißt es: »...machten Allerhöchstdieselben gestern abends 6 3/4 Uhr in Begleitung des Obermedizinalrathes Dr. von Gudden einen Spaziergang in den Park.«

Dann halten zwei Telegramme, die Baron Washington, ebenfalls ein Augenzeuge, am Abend des 13. Juni und am 14. Juni 1886 aufgibt, den Zeitpunkt fest:

An Minister Crailsheim: »Seine Majestät mit dem Herrn Medicinalrath Gudden um 3/4 7 in den Park spazieren gegangen.«

An Gräfin Julie von der Mühle, Hofdame der Mutter Ludwigs: »Seine Majestät gestern Abend 3/4 7 Uhr ausgegangen mit Dr. Gudden.«

Weiter kennen wir ein Telegramm (13. Juni, 22.35 Uhr) von Dr. Müller an Dr. Grashey: »Seine Majestät mit Herrn Obermedicinalrath um 3/4 7 spazieren gegangen.«

Am 14. Juni (10.30 Uhr) gibt Polizeihauptmann Horn ein Telegramm an Innenminister Max von Feilitzsch auf: »Majestät mit Dr. Gudden Spaziergang um 3/4 7 angetreten.«

Und so steht in den *Neuesten Nachrichten* vom 14. Juni 1886 folgerichtig geschrieben: »Um 3/4 7 Uhr verließ Se. Majestät in Begleitung Dr. von Guddens das Schloß.« Am Tag darauf lesen wir in diesem Blatt: »Am Abend um 6 Uhr 45 Minuten wurde Dr. von Gudden abermals befohlen, sich mit Sr. Majestät im Garten zu ergehen.« An anderer Stelle dieser Ausgabe ist die Zeit des Abmarschs ebenso angegeben: 6 Uhr 45 Minuten. Und nochmals lesen wir: 3/4 7 Uhr.

Genau in diesen Minuten ergeht von Dr. Gudden der schockierende Befehl, daß kein Pfleger ihn und den König begleiten dürfe. Verweilen wir ein bißchen bei dieser Weisung!

Schon im Laufe des Tages sagte Dr. Gudden zu seinen beiden Kollegen Dr. Grashey und Dr. Müller und zu Baron von Washington, am Abend werde er mit Ludwig ganz allein ausgehen. Kein Pfleger dürfe mitgehen. Sofort widerspricht Dr. Müller. Aber er ist ja nur der Unter in diesem Kriminalstück, somit stechen seine Argumente nicht. Ein schier unglaublicher Vorgang! Anstatt angesichts des von Zanders bestätigten Fluchtkomplotts die Sicherheitskräfte zu verstärken, tut Dr. Gudden alles, um sie fernzuhalten. Der bestellte Todesengel schwebt somit bereits über Schloß Berg.

Daß dieser Dr. Gudden dann tatsächlich seinen Willen durchsetzt, sagt Pfleger Bruno Mauder am 1. Dezember 1886 im Ministerium des Äußern und königlichen Hauses in München unter Eid aus. Er gibt zu Protokoll:

»Währenddem fragte mich Herr Dr. Müller, welchen Pfleger die Begleitung treffe, worauf ich erwiderte, dass am Vormittag Pfleger Hack mitgegangen sei und demnach diesmal Pfleger Schneller an die Reihe komme. Ich benachrichtigte sofort den Pfleger Schneller, dass er sich zum Mitkommen bereite und begab mich in das Wohnzimmer Seiner Majestät des Königs, um Allerhöchstdenselben anzukleiden. Seine Majestät schritt hierauf, nachdem Obermedicinalrath von Gudden an der Thüre erschienen war, hinaus und die Treppe des Schlosses herab, gefolgt von mir, der ich den Regenschirm trug, und Obermedicinalrath von Gudden. Als Majestät durch die Thüre ins Freie die kleine Treppe hinabgeschritten war, ersuchte mich Allerhöchstdieselbe, den Regenschirm zusammenzurollen und Ihm zu geben. Ich that, wie mir geheissen, überreichte Seiner Majestät, welche hierbei immer weiterschritten, den Regenschirm und kehrte gegen das Schloss zurück. Ungefähr vier bis fünf Schritte hinter dem weiterschreitenden König begegnete mir Obermedicinalrath von Gudden, welcher sich gegen mich wandte und mir sagte....«:

Jetzt vernehmen wir aus dem Munde des Irrenarztes die Weisung: »Es darf kein Pfleger mitgehen.«

Mauder fährt fort: »Von Gudden blieb hierbei nicht stehen, sondern setzte seinen Weg hinter dem voranschreitenden König fort. Die Aeusserung des Herrn Obermedicinalrathes wurde nicht mit sehr lauter Stimme gesprochen, so dass, nach meiner Ansicht, der in Seinem grossen Schritte weitergehende König sie nicht gehört hat. Wenigstens blickte der König nicht um und war auch kein anderes Zeichen zu bemerken, dass Allerhöchstdieselbe von dem hinter Ihm erfolgten Vorgang Kenntniss nahm.«

Soweit Pfleger Mauder, der »auf die Wichtigkeit und Heiligkeit des Eides« hingewiesen wird und dann dieses einmalige Dokument unterzeichnet!

Nachdem der Pfleger zurück beordert worden war, verständigt er sofort den Dr. Müller, der ja schon von der Weisung wußte. Und dieser antwortet nur: »Gut!«

Daraufhin schreitet Mauder auf Pfleger Schneller zu, »welcher an der Thüre ins Freie, jedoch noch innerhalb des Schlosses stand«. Nachdem dieser den Befehl Dr. Guddens vernommen hatte, geht man in den oberen Stock des Schlosses. Schließlich erklärt Mauder: »Ich selbst war damit meines Dienstes ledig, blieb aber noch einige Zeit bei den übrigen Pflegern, mit denen ich auch noch ass.«

Das niedere Personal in Berg hat also der Irrenarzt Gudden erfolgreich vom Spaziergang ferngehalten. Schwiegersohn Dr. Grashey fährt gerade nach München. Und auch Dr. Müller und Baron Washington sind beschäftigt. Der Medikus zieht sich unmittelbar nach der Weigerung Guddens, einen Pfleger mitzunehmen, in sein Zimmer zurück, um sich für das festliche Pfingst-Souper in der Villa Poschinger umzukleiden, wo Washington schon weilt.

Wir stellen fest. Beim Abmarsch ist im Park kein Pfleger. Und nach Guddens Dafürhalten auch kein Gendarm! Lauterbach, der gerade noch sieht, wie König und Irrenarzt »in den Seeweg einbogen«, zieht sich ebenfalls zurück und behauptet, daß »die anwesende Gendarmerie vom Ausgang Seiner Majestät nicht verständigt worden war«. Dies hätte Dr. Gudden machen müssen. Aber er unterläßt es. Schließlich bereiten sich Dr. Müller und Baron Washington auf das Abendessen in der Villa Poschinger vor, die dem Spazierweg gerade entgegengesetzt liegt.

Lauterbach selbst erzählt, als er König und Irrenarzt verschwinden habe sehen: »Ging ich wieder zurück in den Schloßhof«. Dann trifft er nach einer unbekannten Zeit den Kollegen Georg Klier, der sich auf den Weg in eine uns nicht bekannte Ecke des großen Parks macht und dann mehr oder weniger lustlos zurückkehrt.

Dieser Klier ist in der Logistik Dr. Guddens der einzige schwache Punkt. Ob und wie ihn der Irrenarzt auflöst, können wir nur vermuten. Wenn er den Gendarm sieht, schickt er ihn sicher weg. Ansonsten kommt es zu keiner Störung mehr. Dr. Gudden hat eben aus der Generalprobe vom Vormittag gelernt.

Feststeht, daß Klier keine verwertbaren Angaben macht – und feststeht auch: Die Tore der Schloßmauer sind verschlossen. Kein Fluchthelfer kann herein. Tatsächlich muß ein unerwünschtes Gefährt wieder umkehren. »Vor dem großen Holztor an der Seite von Leoni«, so berichtet Eulenburg-Hertefeld, entdeckt man »eine Wagenspur, die, von Leoni kommend, beim Tor umgewendet war und sich darauf auf einem Feldweg fortsetzte, der nach Aufkirchen steil hinaufsteigt, das heißt zu der Chaussee, die weiter nach Wolfratshausen beziehungsweise zum Gebirge führte«.

Genau dies berichtet auch Ferdinand von Miller: »Vor dem Parktore waren Radspuren deutlich sichtbar. Man sah an ihnen, daß ein Wagen dagestanden war und gewendet hatte.«

Diese Kutsche hat also nichts mit der zu tun, die im Park verkehrt. Auf sie, beziehungsweise auf ihre frischen Wagenspuren, wird Baron Washington noch am Abend des 13. Juni aufmerksam gemacht. Entdeckt hat man diese Fahrrillen auf der Uferseite des Parks.

Der nächste gesicherte Zeitpunkt: Um 18.54 bleibt die Uhr des Königs stehen. Eindringendes Wasser führt zu dem Deffekt. Wasserdichte Uhren gibt es damals noch nicht. Somit ist klar: Ludwig II. gelangt um 18.54 Uhr in den Starnberger See. Das ist genau seine Todeszeit.

»Gegen 7 Uhr« will sich in der Nähe der Unglücksstelle Gendarm Ludwig Rasch befunden haben. Doch er gibt an, nichts gesehen und gehört zu haben. Wir fragen, wie kommt er dahin? Die Gendarmen wurden doch vom Spaziergang nicht benachrichtigt.

Etwa 50 Minuten später schaut Lauterbach auf den See. Dort rudern bis 20 Uhr mehrere Boote nahe am Ufer nach Leoni.

Und auch die Minute des Ablebens Dr. Guddens kennen wir genau: 20.06 Uhr. Zu diesem Zeitpunkt bleibt seine Taschenuhr stehen. Also gelangt er 72 Minuten später in die Fluten des Sees.

Just in diesem Augenblick wartet man in der Villa Poschinger auf die Spaziergänger. Jeder weiß heute: Sie sollen nie mehr kommen. Und so beginnt das Suchen. Vom Schloß aus sieht Baron Washington nach 20 Uhr im See »fortwährend kleine Schiffe vorüberfahren«.

Bis unter die Brust nur reicht Ludwig das Wasser an der Stelle im See, an der er geborgen wird. Ohne gewaltsames Einwirken, das glauben schon die Zeitgenossen, kann ein so kräftiger Mann und guter Schwimmer wie der König nie ertrinken.

Im Laufe der Fahndung entdeckt man etwa einen dreiviertel Kilometer vom Schloß entfernt und direkt zwischen Land und Wasser die Hüte der beiden Vermißten, ihre Schirme und Ludwigs Jacke und Mantel, deren Ärmel noch ineinander stecken. Rund 18 Meter vom Ufer entfernt und in einer Tiefe von 1.28 Metern birgt man um Mitternacht die Leichen von König und Arzt.

Und noch ein wichtiger Befund: Dr. Gudden wurde erheblich verletzt. Am König stellt man keinerlei Blessuren fest.

Anmerkungen, Quellen und Literatur:
Grashey/18.30 Uhr: Merkt S. 186; Uhrzeit des Aufbruchs: Schrott S. 100 (Amtliche Verlautbarung), Neueste Nachrichten 14.6.1886, Wöbking S. 136ff; Kein Pfleger: Merkt S. 195ff; Villa Poschinger: Merkt S. 205; Schloßhof: Merkt S. 206; Uhren: Hüttl S. 431, Wöbking S. 191ff; Radspuren vor dem Tor: Eulenburg-Hertefeld S. 120, Miller S. 218f; Schrott S. 100; Kähne im See: Wöbking S. 143, 146.

Erdrückendes Beweismaterial

Die Story vom Kampf im See erschüttern präzise Uhrzeiten, Radspuren und die Tatsache, daß Ludwig keine äußeren Verletzungen erleidet

Es ist heute unerklärlich, wie man angesichts der eben geschilderten Fakten die Legende vom Zweikampf Ludwig-Gudden glauben kann. Sie besagt: Der König will über das Wasser in die Freiheit fliehen. Der Arzt läuft ihm nach. Im See kommt es zum Ringkampf, den Gudden verliert und deshalb ertrinkt. Anschließend stirbt auch der König.

Da diese Geschichte mit den absolut gesicherten Erkenntnissen vorort von vorne bis hinten nicht zusammenpaßt, also erlogen ist, kommt man schnell auf die Zauberformel: Ewiges Geheimnis! Und so lesen denn auch die Münchner in den *Neuesten Nachrichten*: »Was nun auf dem Kampfplatze geschehen sein mag? Es wird wohl ewig ein Geheimniß bleiben!« Wieder einmal sehen wir, daß die Legende die größte Feindin der Wahrheit ist.

Wir konstatieren: Erstens gibt uns ein Blick auf die Taschenuhren der beiden Herren die Gewißheit, daß zuerst Ludwig ins Wasser gelangt, 72 Minuten später erst Gudden. Schnell erkennt man damals allerdings diese Unlogik. So sagt Dr. Müller denn auch nachträglich aus: »Guddens Uhr war um 8 Uhr stehengeblieben, doch zog dieser seine Uhr nur sehr selten auf, und hatte selbst keinen Uhrschlüssel in Besitz.«

So ein Unsinn. Was soll ein mit Terminen belasteter Mensch wie Dr. Gudden ständig eine Uhr mit sich herumtragen, wenn er keinen Schlüssel dafür besitzt? Und schon Ludwig-Biograph Hüttl macht darauf aufmerksam, daß Gudden ja seine Uhr am 13. Juni braucht, um Punkt 20 Uhr bei der Feier in der Villa Poschinger zu sein.

Doch die Manipulation ist aus einem noch triftigeren Grund unglaubhaft. Nach der Tragödie wird vom Amtsgericht Starnberg ein »Protocoll Verlassenschaft des K. Obermedizinalrathes Dr. Gudden« angefertigt. Danach zieht die Polizei die Uhr des Arztes sofort ein. Doch, o Wunder, im Rock des schon toten Gudden wird »ein kleiner Schlüssel nebst Uhrschlüssel« gefunden.

Daß auch die Uhr des Königs intakt ist, und diese Tatsache hat erheblich mehr Gewicht, bestätigt Pfleger Mauder, der aussagt, Stunden und Minuten hätten am Todestag seines Herrn exakt gestimmt. Er meint: »Was ich daher weiß, weil Seine Majestät, als ich Abends 4 Uhr meldete, daß das Diner bereit sei, die Uhr herauszog und nach einem Blick auf dieselbe äußerte, ja es sei 4 Uhr, aber er wolle etwas später, erst um 1/2 5 Uhr speisen.«

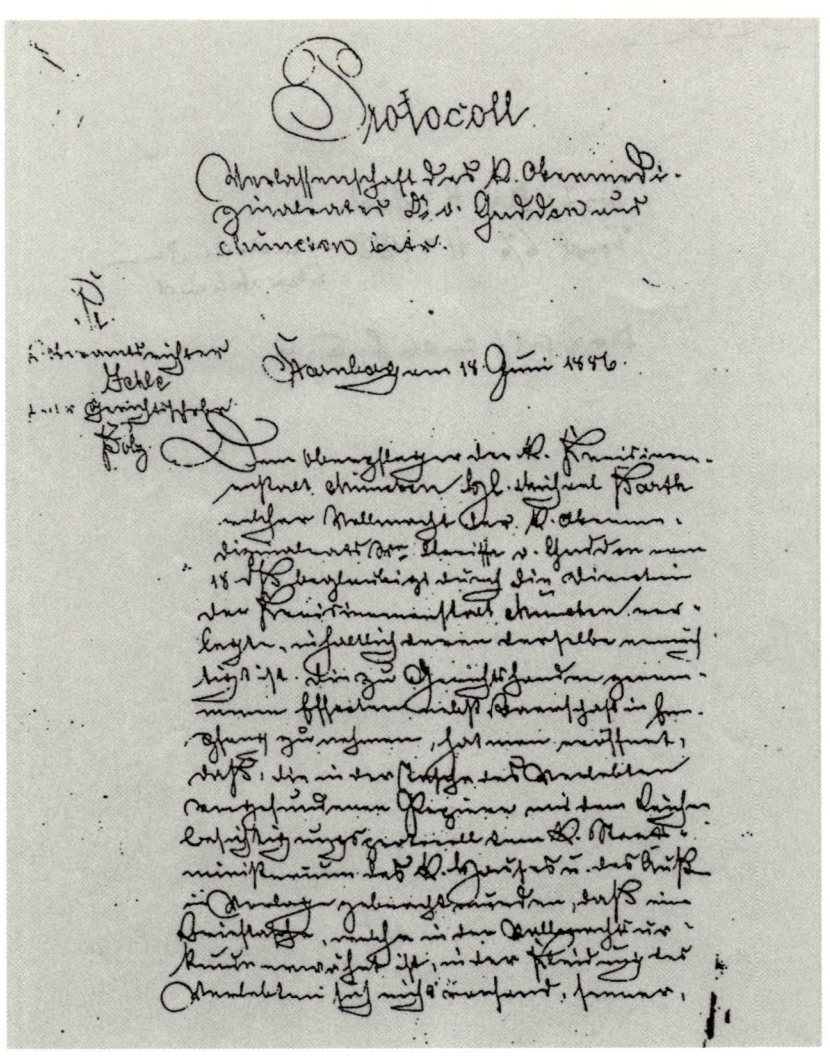

Das unheimliche Protokoll, das 116 Jahre nach der Ausfertigung seine Brisanz offenbart: »Protocoll.Verlassenschaft der K. Obermedizinalrates Dr. v. Gudden aus München betr.
Starnberg am 18. Juni 1886.
Dem Oberpfleger der K. Kreisirrenanstalt München H. Michael Barth welcher Vollmacht des K. Obermedizinalrats Sr. Maist (?) v. Gudden vom 18. dies(es Monats) beglaubigt durch die Direction der Kreisirrenanstalt München verlegte inhaltlich deren derselbe ermächtigt ist. Die zu Gerichtshänden genommenen Effecten nebst Baarschaft in Empfang zu nehmen, hat man eröffnet, daß die in der Tasche des Verlebten vorgefundenen Preciosen mit dem Leichenbesichtigungsprotocoll dem K. Staatsministerium des K. Hauses und des Äußern in Vorlage gebracht wurden, daß eine Brieftasche, welche in der Vollmachtsurkunde erwähnt ist, in der

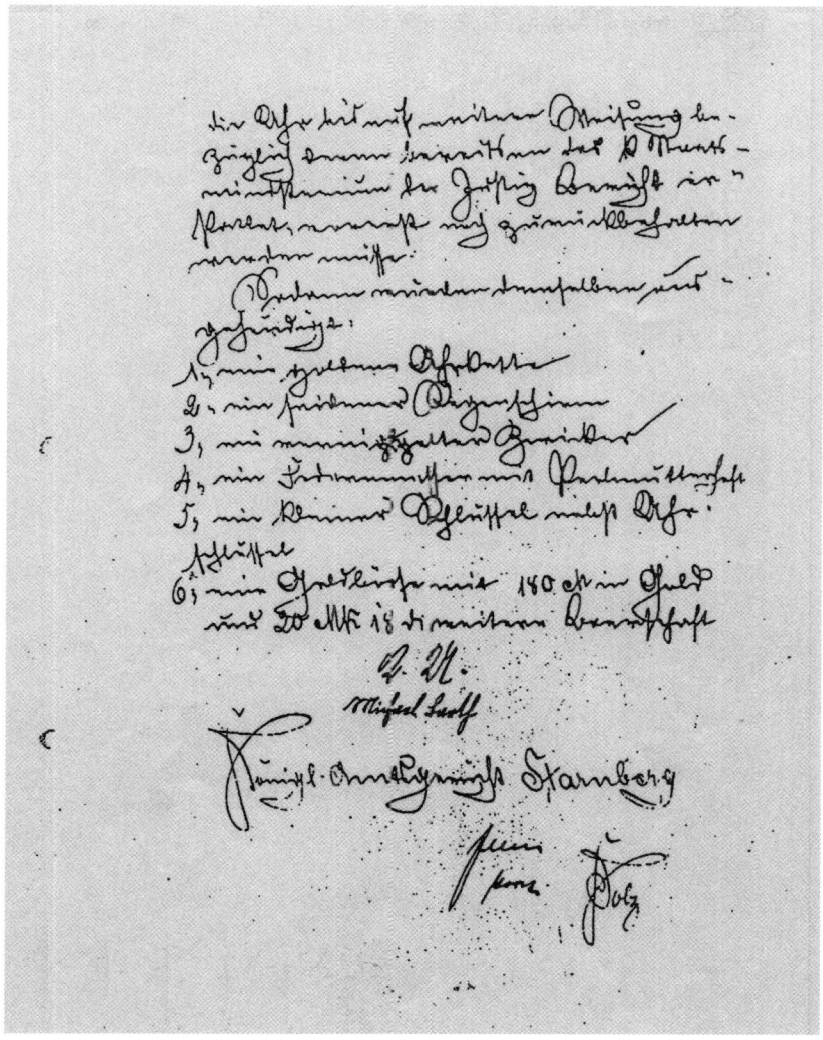

Kleidung des Verlebten sich nicht vorfand, ferner die Uhr, die auf weitere Weisung
bezüglich deren bereits an das K. Staatsministerium der Justiz Bericht erstattet,
vorerst noch zurück behalten werden müsse.
Sodann wurden demselben ausgehändigt:
1. eine goldene Uhrkette
2. ein seidener Regenschirm
3. ein ...Zwicker
4. ein Federmesser mit Perlmuttasche
5. ein kleiner Schlüssel nebst Uhrschlüssel
6. eine Geldbörse mit 180 M in Gold und 20 Mk 18 (Pfennige) weitere Baarschaft.
Michael Barth
Königl. Amtsgericht Starnberg

So, jetzt kommt der spannende Moment. König und Gudden brechen nach der Darstellung des Gendarms Lauterbach um 18.46 oder 18.47 Uhr auf. Man spart sich Zeit, weil man nicht den längeren Weg über den Haupteingang hat, sondern den kürzeren zum Hintertor hinaus. Wie wir gehört haben, eilen beide Spaziergänger in die vom Dauerregen getrübte Natur und biegen sehr schnell in den Seeweg ein. Gendarmen und Pfleger sind nicht im Einsatz – und um 18.54 Uhr bleibt die sonst intakte Uhr des Königs stehen.

Die Parkwegstrecke Schloß-Unglücksstelle beträgt 775 Meter, vom Weg bis zum Seeufer müssen 16 Meter zurückgelegt werden und von dieser Stelle bis zu demjenigen Platz, an dem das Wasser betreten wird, sind es nochmals vier Meter (amtliche Vermessung). Stellen wir zunächst die These auf, daß König und Arzt die Strecke 775 m + 16 m + 4 m = 795 m zu Fuß gehen:

1. Man durchquert den Park im Laufschritt, legt also fünf Kilometer pro Stunde (km/h) zurück. Dauer des 795-Meter-Marsches: 9,54 Minuten = knapp 10 Minuten.
2. Um in acht Minuten zum Ziel zu gelangen, muß man ein Gehtempo von 6 km/h erreichen.

Spätestens jetzt erahnen wir die Schwierigkeiten mit einer plausiblen Erklärung. Aber es soll noch komplizierter werden, müssen wir doch unser Zeit-Weg-Planspiel um eine Konstante erweitern. Der eingeschlagene Weg von der Parkpromenade zum Ufer weist einen dichten Bewuchs auf und erfordert somit eine besondere Berücksichtigung.

Das Ambiente sieht sich am 14. Juni 1886 der Gymnasiast und spätere Gartenoberinspektor von Schloß Schönbusch (Aschaffenburg), Max Weiß, genau an. Er stellt fest, daß der Weg »durch fast undurchdringliches Strauchwerk ca 14 Meter in den See führt«.

Bedenkt man nun, daß diese Strecke (Weiß unterschätzt sie um zwei Meter) erheblich mehr Zeit als ein gewöhnlicher Steig erfordert, Ludwigs Mantel (mit drei Knöpfen) und die Jacke (mit vier oder fünf Knöpfen) geöffnet und ausgezogen werden und eine gewisse Zeit verstreicht, bis das Opfer so weit im Wasser ist, daß die Uhr stehenbleibt (18.54 Uhr), dann müssen die vorgegebenen acht Minuten verkürzt werden. Nehmen wir ein extrem schnelles Tempo an und berechnen für den mit Strauchwerk bewachsenen Abgang zum See und die Entkleidung jeweils nur 30 Sekunden und für die Schritte ins Wasser (bis zum Stillstand der Uhr) 60 Sekunden, dann haben wir das Ergebnis: 120 Sekunden, also zwei Minuten.

Es bleiben somit für die Promenadestrecke (775 m) nur noch sechs Minuten.

1. Im Laufschritt benötig man für die 775 Meter 9,3 Minuten. Natürlich hat man jetzt die eben erwähnten zwei Minuten zu addieren: 11,3 Minuten.
2. Um in sechs Minuten 775 Meter zurückzulegen, muß man ein Tempo von 7,75 km/h haben.

Lassen wir aber diese Extremwerte außer acht und unterstellen normale Konditionen, so bleiben folgende Daten für unser Planspiel: Die 775 Meter Schloß-Unglücksstelle werden in schnellem, aber gerade noch realistischem Schritt (4,5 km/h) zurückgelegt (= 10,3 Minuten). Um durch das »fast undurchdringliche Strauchwerk« (Weiß) zum Ufer zu gelangen, veranschlagen wir zwei Minuten, für das Entkleiden und schließlich für den Weg ins Wasser nochmals soviel. Wir kommen also auf über 14 Minuten.

Ziehen wir diesen Wert vom Terminus 18.54 Uhr (Stillstand der Uhr) ab, so kann der Abmarsch vom Schloß frühestens um 18.40 Uhr erfolgen. Doch Gendarm Lauterbach sagt aus, beim Aufbruch sei es nach 18.45 Uhr gewesen. Selbst wenn man die offizielle Version 6 3/4 oder 1/4 7 zu Grunde legt, bleibt kein Spielraum. Diese beiden Angaben sind darüberhinaus, wie angedeutet, Approximativwerte. Die heutige Schreibweise (18.46 oder 18.47 Uhr) kennt man damals noch nicht oder doch kaum.

Wir können es drehen und wenden, wie wir wollen: Weder in acht noch in neun Minuten sind bei dem garstigen Wetter und aufgeweichten Weg Fußmarsch, Böschungsabstieg, Entkleidung und Untertauchen zu bewältigen.

Da bleibt nur eine einzige Erklärung: Um »pünktlich« an derjenigen Stelle im Wasser zu liegen, an der er später aufgefunden wird, muß den König eine Kutsche zu diesem Topos bringen. Erinnern wir uns, Baron Washington erhält Mitteilung von frischen Wagenspuren im Park. Was ihm unerklärlich ist, verstehen wir heute. Ein Pferdegespann erreicht die erforderliche Geschwindigkeit.

Dazu paßt ein Vermerk des am 14. Juni früh morgens im Schloß Berg anwesenden Gymnasiasten Otto Schleussinger, dessen Vater Carl gerade in seiner Eigenschaft als Starnberger Amtsgerichtssekretär Protokollführer bei den Vernehmungen des Personals ist. In Otto Schleussingers Ausgabe der *Süddeutschen Monatshefte*, in der seine Erlebnisse abgedruckt sind, steht fein säuberlich mit Tinte geschrieben, daß am Abend des 13. Juni ein Schloßdiener in den Pferdestall von Berg gegangen sei und den ›Hofstaller‹ gefragt habe, »ob d' Roß dahoam sen?« Die Antwort lautet: »Suachts 'n im See drunt.«

Da Schleussinger in seinem Aufsatz die traditionelle Theorie (Kampf im See) übernimmt, kann es sich bei der schriftlichen Randnotiz um keine Zweckaussage handeln. So bleibt uns die sensationelle

Mein Zeuge, Freund Adalbert, ist seit Jahren verschollen. Aber auch mein Institutsfreund Max Weiß, der Sohn des damaligen Schloßhofgärtners in Berg, hat die Spuren gesehen. Bei dem nächst dem heutigen Dampfschiffsteg gelegenen Gärtnerhaus durften wir erst ans Ufer gehen, stürmten in jugendlicher Neugierde ins Schloß, guckten in alle Räume, sahen des Königs Rock und Hut im Korridor hängen und taten uns wichtig, bis uns Hofrat Klug abfaßte, zurechtwies und uns nur mehr die beiden Toten anzusehen erlaubte. Mein Vater, damals k. Gerichtsschreiber am Amtsgericht Starnberg, war um diese Zeit als Protokollführer mit dem k. Oberamtsrichter Jehle in den Erdgeschoßräumen des Schlosses tätig.

Altötting   Otto Schleussinger.

Ein weiterer Augenzeuge, der in den vorstehenden Ausführungen bereits genannte Gartenoberinspektor Max Weiß teilt dazu noch ergänzend mit:

Auch ich war damals wie mein Institutsfreund Schleussinger in den Ferien zuhause und habe die Katastrophe aus nächster Nähe verfolgen können. Der König nahm den Weg von der Bank aus, durch fast undurchdringliches Strauchwerk ca. 14 Meter in den See, während Gudden über die auf dem Plan angegebene Wiese dem König nacheilte. Durch den Weststurm wurden beide, wie die Skizze zeigt, gegen das Seeufer zurückgetrieben.

Da Mantel, Rock und Hut vom König am Ufer zurückgelassen wurden, ist wohl eine Flucht anzunehmen. Diese Ansicht wurde damals in Berg allgemein vertreten. Ebenso die Annahme, daß wegen des kalten Wassers (12 Grad) der Tod durch Herzschlag eingetreten ist. Die wenigen Spuren, die im Wasser aufgefunden wurden, lassen den Schluß zu, daß kein längerer Kampf stattgefunden hat. Da ich bei der Auffindung der Leiche anwesend war, ist mir der ganze traurige Vorgang noch lebhaft in Erinnerung.

Schönbusch bei Aschaffenburg   Max Weiß.

Redaktionell abgeschlossen am 24. Mai 1932
Herausgeber: Paul Nikolaus Coßmann in München. — Für die Schriftleitung verantwortlich: Dr. Arthur Hübscher in München. — Druck- und Buchbinderarbeiten: Knorr & Hirth, G.m.b.H., München. — Papier: Bohnenberger & Cie., Niefern bei Pforzheim.

[handschriftliche Notiz]

In der Mordnacht werden in Berg Pferde vom Stall zum Ufer gebracht. Otto Schleussinger schreibt unter seinen Bericht in den Süddeutschen Monatsheften: Die Witwe eines »Hofstallers« erzählte mir, daß an dem Abend des 13. Juni ein Diener in den Pferdestall gelaufen sei, »ob d' Roß dahoam sen?« – Ihr Mann rief ihm zu: »Suachts 'n im See drunt.« Mitteilung von Schleussingers Tochter Eugenie am 23. März 1980 an den Verfasser.

Nachricht: Am Abend des 13. Juni werden Pferde aus ihrem Stall hinunter zum See geführt. Das gibt zunächst null Sinn. Was sollen die Tiere am heiligen Pfingstabend am Wasser? Wir wissen die Antwort: Sie werden gebraucht, um das Todesgefährt des Königs und seines Arztes zu ziehen.

Und zwar von der ersten vom Schloß aus nicht mehr zu sehenden Stelle weg! Zugegeben, diese Strategie der Mörder ist auf Anhieb schwer zu durchschauen. Man hätte ja auch warten können, bis die zwei Herrschaften, denen es an den Kragen gehen wird, am gewünschten Ort sind.

Aber man hat aus Hohenschwangau gelernt. Um den König gefügig zu stimmen, wird ihm jetzt die von ihm ersehnte und von Sissi in Aussicht gestellte Flucht vorgetäuscht. Er steigt also bereitwillig in die Kutsche, ohne genötigt zu werden. Endlich die Freiheit in Sicht! Dr. Gudden fügt sich zum Schein. Nicht umsonst hat er sich Pfleger und Polizei im Park verbeten. Gendarmen mit klaren Anweisungen würden der ganzen Fluchtaktion sofort ein Ende setzen. Vom Mordplan dürfen sie selbstverständlich nichts wissen!

Und noch etwas spricht für Guddens Mitwisserschaft: Beim leisesten Verdacht auf tatsächliche Flucht würde er doch sofort in das nahe Schloß zurückeilen und Alarm schlagen. Mit flinken Rössern wäre das Fahrzeug schnell eingeholt. Doch dem ist nicht so. Seine Anordnung die Pfleger betreffend und das Nichtverständigen der Gendarme geben ja einen Sinn.

Jetzt möchte der Leser natürlich begierig wissen, was in der Kutsche passiert. Doch wir müssen zunächst noch bei dem absolut Nachweisbaren verharren. Dem von den Mördern geführten Gespann bleiben nur wenige Minuten Zeit. Bedenken Sie: Um 18.54 Uhr muß der König im Wasser liegen. Das nehmen sich nicht die Täter vor, das ist für uns heute zwingend, weil in dieser Minute die Uhr des Königs stillsteht.

Zu den Fakten: Dort, wo der Spazierweg dem See am nähesten ist, »führte über eine leicht abwärts geneigte Wiese ein etwa 8-10 m langer, dürftiger Fußsteig an das Seeufer, das völlig mit Weidengebüsch eingesäumt war«. Dies berichtet der eben erwähnte Otto Schleussinger, dessen Schätzung des Steigs sich nur dann mit der amtlichen Messung (16 Meter) deckt, wenn er die Strecke Wegesrand-Strauchbeginn, also den Wiesensaum, außer acht läßt. Und er fährt fort: »Rechts vom Weg war ein Taxusbusch. An diesem rechts vorbei, den Weg abschneidend, führten die tiefen Schrittspuren.«

Schleussingers Vermutung: »Gudden scheint in den Busch gefallen oder gestoßen worden zu sein, weil in seinem Mantel und Schirm Reste von Zweigen und Blättern steckten.« Stolz schreibt er hinter diesen Satz: »Eigenbeobachtung.«

Unten am seichten Ufer werden dem König Mantel und Rock aufgeknöpft und dann ausgezogen und einfach liegen gelassen. Die Suchmannschaft findet die Kleider dort.

Jetzt stellt sich natürlich die Frage: Warum wehrt sich der König, den man ruhig ein Muskelpaket nennen darf, nicht? Die Antwort kann nur lauten: Er ist bewußtlos. Erinnern wir uns: Zum Essen vor zwei Stunden durfte er soviel alkoholische Getränke genießen, daß er einen Schwips bekommen mußte.

Nach den für die Häscher peinlichen Fehlschlägen (siehe Seite 25) hat man sich etwas neues einfallen lassen: Man lockt den Todeskandidaten in eine Kutsche, aus der es kein Entrinnen mehr gibt. Dann bedient man sich des bekannten Musters, also der K.-o.-Strategie. Nach der Vorbetäubung mit Alkohol, der möglicherweise noch ein Medikament folgte, greift man zum Chloroform.

Wie das geht? Einer der Mörder oder Dr. Gudden öffnet eine Flasche, träufelt den Inhalt des rasch sich verflüchtenden Chloroforms auf eine Binde, die man blitzschnell dem König unter die Nase hält. Auf Grund seines angeheiterten Zustands ist seine Reaktionsfähigkeit so gesunken, daß er sich nicht mehr groß wehren und schon gar nicht fliehen kann.

Für diesen Einsatz des Betäubungsmittels sprechen sehr schwerwiegende Indizien, die natürlich auch haarscharf in den Mordablauf passen. Zum einen wissen wir von Dr. Gudden höchstpersönlich, er habe »jederzeit ein Mittel« dabei, um dem König Herr zu werden.

Ja, warum denn das? Zwei Antworten sind auf diese Frage möglich.

1. Ludwig II. bemerkt, daß ihm Gudden nach dem Leben trachtet. Er kann somit für den kleinen Irrenarzt gefährlich werden.
2. Da Pfleger und Gendarmen als Schutz des Arztes ausscheiden müssen (Angst vor störenden Tatzeugen), benötigt Gudden das Präparat, um nicht vom König überwältigt zu werden.

Beide Antworten aber sind unlösbar mit dem geplanten Mord verbunden. Kurzum: Wenn man berechtigte Angst vor dem König hat, dann ist diese ohne das Todesurteil nicht logisch und denkbar. Hat man aus einem unberechtigten Grund Angst, kann man ja zwei Pfleger einsetzen. Dieses aber wiederum hätte zur Folge, daß Zeugen den Mord miterleben. Also ganz unmöglich!

Auf den Einsatz von Chloroform in der Kutsche deuten aber nicht nur die nachweisbaren Betäubungspraktiken von Hohenschwangau und Guddens Behauptung, ständig das »Mittel« bei sich zu tragen, sondern auch die Ausführungen des Fischers Lidl. Kurz vor seinem Tod 1933 sagt er dann doch noch aus: »Kein Ringen, entweder wurde König d(urch) Klorivorm v(on) Andern betäubt o(der) Herzschlag.« Und auch diese seine Äußerung muß man zur Kenntnis nehmen: »Ich habe 50 Menschen aus dem Wasser geholt; so hat keiner ausgesehen, der ertrunken ist.«

Kardialversagen aber scheidet aus. Erstens schlägt in Ludwigs Brust das beste Herz, wie die Sektion zeigt (davon später), zweitens befindet sich in des Königs Lunge bei der Bergung Wasser. Er muß also lebendigen Leibes ertrinken. Wenn man aber nur betäubt ist, lebt man noch. Also bleibt bei der Erwägung der These von Lidl nur das Chloroform.

Da schlägt am 125. Geburtstag des Königs eine Nachricht wie ein Blitz aus heiterem Himmel ein. Der Münchner Weihbischof Johannes Neuhäusler erzählt Ende August 1970 in seiner Predigt in St. Michael eine frappierende Geschichte. Wir zitieren die *Süddeutsche Zeitung* vom 25. August dieses Jahres:

»Unter Berufung auf den einstigen Pfarrer von Aufkirchen, zu dem 1886 das Fischerdorf Berg am Starnberger See gehörte, Martin Beck, mutmaßte der Weihbischof, daß Ludwig II. in Betäubung ums Leben gekommen sei. Pfarrer Beck habe ihm erzählt, daß der König, neben dessen Leiche er einige Stunden verweilt hatte, nicht wie ein Ertrunkener ausgesehen habe. Weiter habe Beck von einem Brief des Irrenarztes Professor Gudden an dessen Eltern berichtet, in dem dieser versichert habe, daß er immer ein Mittel bereithalte.« Damit sei es ihm möglich, den körperlich überlegenen König »sofort schachmatt zu setzen«. Soweit die *Süddeutsche Zeitung*.

Fassen wir kurz zusammen! Auf Grund aller gesicherten Erkenntnisse muß sich die Tragödie so abspielen: Gegen 18.48/18.49 Uhr erhält der König eine Abfuhr Chloroform. Von wem auch immer! Mit einem Wagen werden er und Gudden zum Ufersteig gebracht.

Das heißt aber, zu diesem Komplott braucht man mindestens zwei Helfer. Gudden allein kann unmöglich den König betäuben und einen Wagen lenken. Vor allem nicht in der kurzen Zeit. Sind aber weitere Personen an dem Vorgang beteiligt, muß man von einer vorsätzlichen Tat sprechen, also von Mord. Zu dieser Schilderung gibt es keine Alternative.

Weiter zu den Minuten vor 18.54 Uhr! Am Ufersteig wird aus dem Wagen der betäubte König geleitet. Natürlich muß der gewichtige Mann zum Wasser geführt werden. Das Geschleppe beansprucht mehr Zeit, die man aber durch die Kutschenfahrt schon hereingebracht hat. Nehmen wir zugunsten Dr. Guddens an, daß er nicht selbst Hand an seinen König legt, dann trägt er anfangs zumindest die zwei Regenschirme.

Am Ufer werden dem König Mantel und Rock gleichzeitig ausgezogen. Spätestens jetzt stellt sich heraus, daß das Opfer bewußtlos ist. Im anderen Falle hätte sich nämlich der hünenhafte Mann gegen diesen Anschlag gewehrt. Ein Faustschlag von ihm hätte eine wilde Rauferei vom Zaun gebrochen – mit Folgen auch am Körper des königlichen Opfers. So aber bleibt er unverletzt, die Pathologen und die Zeugen der Sektion haben keine gewaltsamen Fremdeinwirkungen entdecken können.

Gleichzeitig ist die äußere Unversehrtheit auch der Beleg dafür, daß der erfundene Zweikampf Ludwig-Gudden nicht die geringste Grundlage hat. Wer auf Leben und Tod rauft, wird verletzt, erleidet Abschürfungen. So schnell gibt auch ein Unterlegener nicht auf.

Aber fahren wir in unserer Beweisführung fort! Wir verfolgen die Spuren vom Land in den See. Zweier seiner Oberkleider und seines Hutes entledigt, wird der nunmehr hemdsärmelige König in das seichte Wasser geschleppt und ertränkt.

Jawohl, er wird ertränkt. Der Sektionsbefund sagt nämlich aus, wie dargestellt, daß sich in der Lunge des Königs Wasser befunden hat.

Dazu paßt idealtypisch die Aussage von Oskar Maria Graf. »Viele Jahre später erst taten die zwei Berger Fischer, der Lidl und der Kramer-Jakl, welche die königliche Leiche entdeckt und geborgen hatten, den Mund auf.« Und was sagen sie über die Leiche?

»Sie ist vollgepumpt und aufgebläht gewesen wie ein Luftballon. Am Ufer, wie die Doktoren und Sanitäter Wiederbelebungsversuche gemacht haben, ist dem Toten nichts wie Seewasser wie ein Springbrunnen aus dem Maul gelaufen, fort und fort.«

Der König lebt also noch, als er ins Wasser geführt wird. Da dies mit Leichtigkeit geschieht, muß er, wie dargestellt, betäubt sein. An dieser Stelle wird auch jedem einsichtig, daß er nicht durch Schüsse getötet worden sein kann. Bei Toten dringt kein Wasser mehr in die Lunge.

Da die Hypothese von einem Mord durch Schüsse bis heute in den Köpfen der Menschen herumgeistert, kurz noch etwas dazu: Ein lange Zeit aufbewahrter Rock mit zwei Löchern, der immer wieder als Königskleidung in den Diskussionen erscheint, kann ebenso einem anderen großen Mann gehören oder eventuell sogar ein präpariertes Stück sein. Das wichtigste aber: Während der Sektion stellt man keine Schußwunden fest. Es ist auch sehr fraglich, ob die vielköpfige Obduktionsgruppe stillschweigend ein kollegiales Schweigen, ein schwer schuldhaftes Schweigen, mitmachen würde. Wenigstens später hätte man von einer Manipulation etwas vernehmen können. Nichts!

Natürlich hinterläßt der Transport Spuren auf dem Seeboden. Sie werden so beschrieben, daß sie ausgezeichnet in die offizielle Version von Flucht und Kampf im See passen. Doch die Sache hat einen Riesenhaken, wie wir gleich sehen werden.

Unsere Frage lautet jetzt vielmehr: Inwieweit ist Dr. Gudden an diesem Verbrechen beteiligt? Da erinnern wir uns zunächst seines Befehls: »Es darf kein Pfleger mitgehen.« Niemand außer ihm soll und darf somit sehen, was in den kommenden Minuten geschieht. Daß die Weisung »wohlüberdacht« ist, sagt später Dr. Müller aus – und daß Kanzler Bismarck den Irrenarzt Dr. Gudden »Königsbeseitiger« nannte, haben wir bereits gehört.

Dann stellen wir schon sehr erstaunt fest, daß Guddens Brieftasche von Anfang an fehlt. Sie ist damals, wie der Name sagt, eine Tasche für Briefe (nicht wie heute auch für das Geld). In ihr befinden sich mit großer Wahrscheinlichkeit dann auch Briefe von oben, also schriftliche Hinweise auf die Tat – ein Befehl, ein Plan, eine Skizze? Nach seinem ganzen Verhalten hat Dr. Gudden nie und nimmer eigenmächtig, das heißt ohne Weisung gehandelt. So dumm kann man wirklich nicht sein, dem König ohne allerhöchsten Auftrag und ohne die damit verbundene Deckung ein Leid anzutun. Jetzt müssen die Indizien verschwinden.

Daß es mit der Brieftasche eine besondere Bewandtnis haben muß, zeigt die in der Kleidung verbliebene Geldbörse, auf die es die Täter nicht abgesehen haben. Darin befinden sich exakt 200,18 Mark, davon 180 in Gold.

Ein kleines Vermögen, für das der Starnberger Gerichtsarzt ein halbes Jahr, eine Handarbeitslehrerin zwei und ein Durchschnittsarbeiter vier Jahre zu schaffen haben. Wir fragen, warum Dr. Gudden auf dem Abendspaziergang soviel Geld mit sich trägt. Er hat doch im abgeschiedenen Berg nicht die geringste Möglichkeit, auch nur einen Pfennig auszugeben. Küche und Keller liefern umsonst. Sogar die Kutsche, die ihn hierher gefahren hat und in Bälde zurück nach München bringen soll, stellt die Regierung.

Entscheidender aber: Die Goldmark, im Jahr 1886 in Zehnmarkmünzen (Kronen) und Zwanzigmarkstücken (Doppelkronen) im Umlauf, ist ein ganz und gar nicht übliches Zahlungsmittel, mehr ein Repräsentationsstück, das in München die Residenz sozusagen als Ehrengabe gibt und in den Bankhäusern günstig eingelöst werden kann. So erhält der Berger Fischer Jakob Kramer, der beim Transport der Leichen hilft, »ein goldenes Zwanzigmarkstück, und das ist vom königlichen Hof, hat der Lidl gesagt, weil er in der Nacht gerudert hat«, wie Oskar Maria Graf erzählt.

Und schnell stellt sich heraus, die Doppelkrone für den Fischer Kramer wird bewußt als Schweigegeld ausgesetzt. Er selbst sagt ja: »Aber sunst derf i nix sogn. Dös is bloß fürs Ruadern, hot der Lidl zu mir gsogt.«

Dieser Satz verrät alles. Die Hilfe bei der Bergung des Königs muß man doch als selbstverständliche Ehrenpflicht ansehen. Wenn nicht, dann sind 20 Goldmark für maximal zwei Stunden Ruderdienst viel zuviel. Also könnte der Kramer etwas gesehen haben, was er für sich behalten soll. Er betont es ja ausdrücklich, er »derf nix sogn«.

Wenn man nun fragt, warum in der Mordnacht Dr. Gudden 180 Goldmark bei sich trägt, so müssen wir annehmen, daß es sich ebenfalls um Schweigegeld handelt, das freilich in diesem Fall zum Judaslohn entwertet wird.

Ein Indiz, daß ihm dieses Geld in Berg zugesteckt wird, ist der Rest in seiner Börse: 20,18 Mark Normalgeld. Das entspricht einer adäquaten Ausstattung (heute rund 250 Euro). Damit kann man länger auskommen. Wir dürfen ja nicht vergessen, daß im Wirtshaus eine Halbe Bier sechs Pfennige kostet, also hundertmal weniger als heute.

Fazit: Mit großer Wahrscheinlichkeit ist das Goldgeld in Dr. Guddens Börse in Zusammenhang mit seiner zwielichtigen Rolle zu sehen – als Verräter und Mitwisser.

Mitwisser! Jetzt ahnen wir es, einen solchen darf es nicht geben. Zuviel steht auf dem Spiel. Nicht nur das Leben der Mörder, sondern auch das ihrer Auftraggeber in München.

Und so kommt das Unvermeidliche. Eigentlich hätte Dr. Gudden wissen müssen, auf was er sich einläßt, aber sein schrankenloser Ehrgeiz, sein Streben nach gesellschaftlichem Ruhm blenden ihn. Jetzt sieht er seinen Tod vor Augen. Er wehrt sich natürlich, aber der schmächtige, 62jährige Mann hat keine Chance. Bei der Rauferei Minuten vor dem Tod wird er erheblich verletzt. Die Spuren des Kampfes sind unübersehbar.

Dieses Ringen findet direkt am Ufer statt. Dort fliegt nämlich der Hut Guddens auf das unmittelbare Uferwasser. Die Kopfbedeckung wird zusammen mit der des Königs vom Wind im See nordwärts getrieben.

Die Uhr des zweiten Toten des Abends bleibt um 20.06 Uhr stehen – 72 Minuten nach der des Königs. Um nun diese höchst verdächtige Differenz zu erklären, um damit das Märchen mit dem Ringen Ludwig-Gudden im See nicht zu gefährden, hebt man später die Resistenz der Uhr des Arztes besonders hervor. Er habe, so hört man, einen wasserdichteren Zeitmesser als der König gehabt. Außerdem bleibe nicht jede Uhr bei Nässe sofort stehen. Und überhaupt habe Gudden seine Uhr nicht aufgezogen, ja er habe nicht einmal einen Schlüssel dazu gehabt.

Die letzte These wurde an dieser Stelle bereits widerlegt. Zu der anderen Rechtfertigung ist erstens zu sagen, daß sie überhaupt keine Rolle spielt. Denn wenn Guddens Uhr selbst eine halbe Stunde oder sogar eine dreiviertel Stunde unter Wasser weitergetickt hätte, würde dies am geschilderten Sachverhalt nichts, aber auch schon gar nichts ändern.

Zweitens muß man bedenken: Hätten sich die Zeiger im See tatsächlich noch einige Minuten lang bewegt, müßte man von einem wasserdichten Gerät sprechen. So etwas hat man aber damals nicht. Wer auf die stabilen Uhrhinterdeckel (Verschluß) verweist, hat ja recht, aber die neuralgische Stelle ist die Öffnung, in die man den Schlüssel zum Aufziehen steckt. Wasser an diesem Eingang zum Uhrinneren stoppt das Getriebe binnen Sekunden.

Ein Bild, das Millionen Menschen in die Irre führte und
mithalf, den Mord zu vertuschen. Dem Tod Ludwigs und
Dr. Guddens soll ein Kampf vorangegangen sein. Was dann
geschieht, wird als »ewiges Geheimnis« umschrieben. Eine
schöne Interpretation, doch leider sprechen alle Indizien
gegen diese Hypothese.

Anmerkungen, Quellen und Literatur:
Geheimnis: Neueste Nachrichten 15.6.1886; Uhr: Girrbach S.178, Hüttl S.431;
Protocoll: siehe Abbildung (hat dem Verfasser aus den Nachlaßunterlagen von
Dr. Adolf Reinboldt freundlicherweise Rechtsanwalt Jochen Krebs aus Starnberg
zur Verfügung gestellt); Pferdestall: Mitteilung von Otto Schleussingers Tochter
Eugenie am 23.3.1980 an den Verfasser (Kopie in dessen Besitz); Situations-
beschreibungen von Max Weiß und Otto Schleussinger in: Süddeutsche Monats-
hefte, Juni 1932, S.663f; Amtliche Messung: Wöbking S.199f; Obduktion: Merkt
S.159; Lidl: Sailer S.147, Wöbking S.271; Neuhäusler: Süddeutsche Zeitung
25.8.1970; Unglücksort: Wöbking S.193ff; Wasser in der Lunge: Hüttl S.433;
Lidl/Kramer: Graf (Mutter...) S.263; »Wohlüberdacht«: Merkt S.198; Geldbörse:
siehe oben: Protocoll; Fischer Kramer: Graf (Größtenteils...) S.89.

Abendglocken verkünden den Mord

Wie Augenzeugen und solche Personen, die dafür gehalten werden, eingeschüchtert werden, schweigen oder gar für immer verschwinden

Dr. Gudden, der wichtigste Augenzeuge des Verbrechens, wird also getötet. Selbstmord scheidet ebenso aus wie Mord durch Ludwig II. Vor allem die zweite These soll noch für soviel Wirbel sorgen, daß Mitglieder des Königshauses freiwillig aussagen. So wie die bereits erwähnte Therese. Aber wir kommen auch noch zu anderen.

Nach dem Tod des Irrenarztes stellt sich etwas Frappierendes heraus. Wir kennen weitere Augenzeugen: Kahnfahrer auf dem See. Der bereits erwähnte Wirt und Fischer von St. Heinrich erreicht nach der Erzählung seines Urenkels Georg Böck am 14. Juni früh völlig erschöpft sein Haus – auf einem Boot, das kaputt ist. Er gehört zum Ring der (erfolglosen) Befreier.

Den Kompagnons Karl Borromäus von Rambaldi, Ewald und Richard Hornig geht es nicht viel besser. Sie ruderten den ganzen Tag vor dem Schloßpark Bergs hin und her. Erst nach Einbruch der Dunkelheit kehren sie heim. Sexau schreibt über Rambaldi:

»Verstört habe er, wie unter einem Zwange stehend, mehr zu sich selbst als zur Gattin, statt des gewohnten Grußes die Worte hervorgestoßen...«

Und jetzt erfahren wir die bittere Enttäuschung, wenn Rambaldi sagt: »Wir haben einen Hut gefunden. Die Sache ist aus.« Eine groß angelegte Aktion, anders kann man das resignierende Wort nicht deuten, wurde ein für allemal zerstört.

Dazu Sexau: »Mehr war trotz wiederholter und drängender Bitten nicht aus ihm herauszubringen.« Rambaldis Enkelin Gertraud Faltlhauser schreibt in einem Leserbrief an die *Süddeutsche Zeitung*: »Die Herren machten einen bedrückten Eindruck.«

Die Sache ist klar. Der Graf Rambaldi hat das Verbrechen verfolgt, möglicherweise mit einem Feldstecher. Jetzt verrät sein Schweigen seine Angst vor den Nachstellungen der nunmehr Regierenden.

Daß es Tatzeugen gibt, die den Mord sehen und sofort das Furchtbare rund um den Starnberger See verbreiten, schließen wir aus einem Satz Oskar Maria Grafs. Im *Leben meiner Mutter* schreibt er:

»Nach neun Uhr – auf einmal, ganz schwer, bang und fast flehend – fingen die Berger Zinnglocken zu läuten an, und alle schreckten auf. Ungeachtet aller behördlichen Verbote rannten die Leute auf die stockdunkle Straße und fingen laut und erregt zu fragen an.«

Währenddessen läuft aber noch die Suche im Park und Wasser auf

Hochtouren. Dort wissen viele, wenn nicht die meisten, nichts vom Verbrechen. Wenngleich man es ahnen mag.

Über eine Stunde nach den Abendglocken telegraphiert Baron Washington nach München: »Durchsuchen des Parkes ergab kein Resultat.« Dann werden die Kleider des Königs und zwei Hüte gefunden.

Über das weitere berichtet Dr. Müller: »Nun lief ich mit dem Schloßverwalter Huber hinunter an den See, wir weckten den Schiffer Lidl, bestiegen ein Boot und fuhren um 11 Uhr ab gegen Leoni zu. Wir entfernten uns nicht weiter als höchsten 20 Meter vom Ufer. Wir waren noch keine 10 Minuten auf dem Wasser, da stieß Huber plötzlich einen Schrei aus und sprang in den See, der ihm bis an die Brust ging. Er umklammerte einen Körper, der frei, Gesicht nach unten, auf dem Wasser schwamm, es war der König in Hemdsärmeln. Ein paar Schritte hinterdrein kam ein zweiter Körper – Gudden – ebenfalls frei und Gesicht nach unten; ich zog ihn ans Boot und dann ruderte Lidl ans Ufer.«

Um Mitternacht stellt Dr. Müller den Tod der beiden Herren fest.

Am anderen Tag die Spurensuche. Die vielen Fußtritte im seichten See geben kein klares Bild, zumal auch von anderen Personen Tritte stammen können und in einem Fall feststehen. Von dem eben erwähnten Schloßverwalter Leonhard Huber, der in den See sprang. Und dann hört man noch, daß ein Gehilfe einen Holzschuh an einer Stange befestigte und vom Kahn aus zusätzlich Abdrücke auf dem Wasserboden machte.

Ist dies richtig, so haben wir es mit Vertuschung eines Verbrechens zu tun, ist es falsch, so beweist allein schon diese Lüge, daß während der Untersuchung manipuliert wird. Das heißt, so und so leidet die Glaubwürdigkeit.

Das schlägt sich auch in der Beurteilung des Falles nieder. Die Menschen sprechen von Mord, die amtlichen Verlautbarungen von Flucht des Königs und Kampf mit Dr. Gudden. Schon am Pfingstmontag lesen die Münchner in den *Neuesten Nachrichten*: »Es scheint überhaupt ein lebhaftes Ringen stattgefunden zu haben.«

Daß der bärenstarke König dem kleinen Dr. Gudden bei einem Kampf überlegen ist, muß nicht erst lange erörtert werden. Also gut, glauben wir einmal der amtlichen Version. Aber wie kommt dann der Sieger dieses Duells im Wasser um?

Bei der Beantwortung dieser Frage erkennt man ein weiteresmal das Lügennetz. Man gibt vor, der König habe fliehen wollen, dabei sei er einem Herzanfall erlegen und ertrunken. Diese Darstellung, die bis heute zirkuliert, hält übrigens auch Fischer Lidl für möglich, wie wir gesehen haben.

Aber Herzversagen, ein partielles wie totales, ist auszuschließen.

Auch die Theorie eines nicht tödlichen Infarktes und anschließendes Ertrinken! Zu eindeutig ist das Ergebnis der Sektion, die am 15. Juni zwei Pathologen in Anwesenheit von zehn Ärzten in der Münchner Residenz vornehmen.

In dem Bericht heißt es: »Herz. Kräftig entwickelt, etwas schlaffer, die Höhlen etwas dilatirt, Wandstärke, Consistenz und Farbe des Herzmuscels normal, wenig epicardiale Fettauflagerung, Klappen sämtlich intact, ebenso Aorta und Pulmonalis.«

Zum Schluß bleibt nur noch die Selbstmordtheorie. Gegen sie wehrt sich vor allem Prinzessin Therese und erzählt sozusagen als Gegenbeweis, daß Ludwig ja auf die Befreiung durch Sissi wartete.

Suizid aber scheidet aus fünf Gründen aus:

1. Man hat noch nie davon gehört, daß sich ein Mensch in einem seichten Wasser selbst ertränkt. Wie soll das auch gehen? Instinktmäßig löst man sich von der Atemnot und sucht das Element Luft. Selbstmord durch Ertrinken ist nur möglich, wenn man sich in tiefe Wasser begibt, sozusagen von ihm überwältigt wird.
2. Ludwig II. wird die Angst nicht los, vom Gefolge des Prinzen Luitpold getötet zu werden. Mehrfach äußert er diese seine Furcht. Wer aber Angst vor dem Tod hat, wird sich kaum selbst umbringen.
3. Ein Selbstmörder, der das Wasser sucht, entledigt sich nicht vorher seiner schweren Kleider, die ja mit der eindringenden Nässe sein Gewicht erhöhen und den Tod schneller herbeiführen.
4. Die Logistik des Tathergangs ist auf Mord ausgerichtet (kein Pfleger, Nichtverständigung der Polizei, Pferde und Wagen, Tod Guddens als Mitwisser erheblich später). Ebenso gibt es ein Motiv, den König zu töten (kein Wittelsbacher, Gefahr für Luitpold durch Volkserhebung oder Entführung).
5. Warum soll sich Ludwig II. das Leben nehmen? Wenn die offizielle Darstellung stimmen würde, dann stünde ja nach dem Tod Guddens der so sehnlich herbeigewünschten Flucht nichts mehr im Wege. Überall auf dem See warteten Fluchtkähne. Doch sie konnten ihn nicht aufnehmen, weil er schon um 18.54 Uhr des Pfingstsonntages tot war. 72 Minuten vor Dr. Gudden, den er ermordet haben soll!

Aber es wird ja nicht nur gelogen. Wir stellen auch ein sehr sonderbares Verhalten des Hofes fest. Auf die Todesnachricht hin hätte sich Luitpold, der nunmehrige Chef des Hauses Wittelsbach, am Pfingstmontag an Ort und Stelle einfinden müssen (wie Kaiserin Elisabeth). So eine Anteilnahme ist unter normalen Umständen Brauch im europäischen Hochadel. Ja sogar in Rußland!

Doch in Bayern zeigt der Nachfolger weder Trauer noch Betroffenheit. Warum sollte er auch? Er steht ja hinter dem Verbrechen. Wieder so ein Fall für die Psychologie! Man verrät sich eben auch durch Nichtstun.

Dafür eilt ein anderer Mann sofort an den Starnberger See: der bereits erwähnte Hofsekretär Klug. Daß er der Ausputzer des Prinzregenten ist, beweist der telegrafische Kontakt, den er mit Berg hatte. Baron Washington hat ihm noch am Vorabend mitgeteilt: »Seine Majestät mit Gudden nicht mehr zurück.«Wenn das nicht eine klassische Vollzugsmeldung ist? Man muß sie nochmals lesen, um die Kaltblütigkeit zu fassen: »Nicht mehr zurück.«

Spätestens um 7.30 Uhr weilt Klug dann am Pfingstmontag schon an Ort und Stelle. Und er erfindet die bereits erwähnte Zauberformel, die alle Bayern beruhigen und befriedigen soll: »Nach den Spuren im Wasser muß ein heftiger Kampf stattgefunden haben.«

Mit dieser raffinierten (und deshalb so teuflischen) Lüge einher geht eine Spurenvertilgungsstrategie, die abermals den Mord beweist. Es muß nämlich jetzt der Kreis der Mitwisser erfaßt werden. Kronzeuge Dr. Gudden wurde bereits ausgeschaltet. Daß die gedungenen Meuchelmörder schweigen, steht nicht in Abrede. Sie wissen genau, daß ihr Tod ihrem ersten Bekenntnis oder auch nur einer Andeutung folgen wird.

Ist es aber auszuschließen, daß es nicht doch noch Augenzeugen gibt? So registrieren wir eine merkwürdige Auslese: Ein Gendarm, der am Abend des 13. Juni im Schloß Berg weilt, kommt auf nicht näher beschriebene Weise um, Küchengehilfe Gumbiller wird tot aus der Isar gefischt.

Die zwei Berger Schloßdiener Hartinger und Schuster, die am Unglückstag praktisch alles von früh bis spät miterleben, werden kurzerhand in eine Irrenanstalt gesperrt, wo letzterer schnell stirbt. Möglicherweise handelt es sich um jenen Diener, der am Pfingstabend zum Pferdestall geht und sich beim »Hofstaller« nach den Rössern erkundigt!

Und auch dieser lebt offenbar nicht mehr lange. Denn die Geschichte mit den am 13. Juni 1886 verschwundenen Pferden des Berger Schloßstalles erzählt dem bereits erwähnten Otto Schleussinger, der als 16jähriger den toten König in Berg sieht, die Witwe des »Hofstallers«.

Und noch etwas teilt Schleussinger mit. Zusammen mit ihm schnüffelt sein Freund Adalbert von Fischer am Pfingstmontag 1886 im Schloß Berg herum. Bis sie Hofsekretär Klug erwischt! Dazu schreibt Schleussinger: »Mein Zeuge, Freund Adalbert, ist seit Jahren verschollen.« Siehe Seite 54! Es konnte bis heute nicht geklärt werden, ob dieses Verschwinden etwas mit der Königskatastrophe zu tun hat, doch mysteriös muß man das alles schon nennen dürfen.

Zu denen, die nicht mehr lange leben, gehört auch der Oberbrigadier und in der Residenz als Hatschier tätige Ludwig Larose. Er wird an Pfingsten nach Berg abkommandiert und plaudert offensichtlich über etwas aus, was die nunmehrigen Machthaber nicht gerne hören. Die mit seinem Enkel Franz Brandmeier verheiratete Irmingard Brandmeier-Däntl, im Erscheinunsgjahr dieses Büchleins 91, erzählt das so.

Augenzeugen, die bei der Suche und Bergung nur dabei sind, aber die Hintergründe nicht genau kennen, werden mit Geld abgefunden. So erhält der Bootsruderer Kramer, wie dargestellt, ein goldenes Zwanzigmarkstück und ein weiterer Gendarm soviel Geld, daß er nach Amerika auswandern kann.

Mag man bei dieser Serie auch an Zufall glauben, so steht doch eines fest: die Nachbehandlung der Zeugen. Wir wissen nicht sehr viel über die Rolle des Jakob Lidl. Aber die Tatsache, daß der ursprünglich arme Fischer bald zu den Vermögenden am See gehört, fällt allgemein auf. Er hat den Mord nicht gesehen, weil er zur fraglichen Zeit zu Hause ist. Allerdings nimmt er mit großer Wahrscheinlichkeit belanglos erscheinende Dinge wahr, die nicht an die Öffentlichkeit sollen. Oskar Maria Graf berichtet in seiner Geschichtensammlung *Größtenteils schimpflich* über diesen Mann: »Der nämlich hat dazumal vom königlichen Hof sein Haus geschenkt bekommen und einen Schwur ablegen müssen, daß er nie was darüber verlauten läßt.«

Und Lidl bleibt sich treu. Als von ihm 1919, also bereits nach dem Sturz der Monarchie, ein 16jähriger Bub namens Anton Gottschaller etwas über das Ereignis vor 35 Jahren wissen will, bekommt er noch die Antwort: »Oh, mei Bua, da kann ich Dir gar nix sagen. Wir sind alle vereidigt worden, darüber zu schweigen und deswegen darf ich Dir schon gar nix drüber erzählen.«

Anmerkungen, Quellen und Literatur:
Rambaldi: Sexau, S.328; Leserbrief von Gertraud Faltlhauser in der Süddeutschen Zeitung 17.10.1979; Glocken: Graf (Mutter...) S.262; Telegramm: Schrott S.100; Bericht Dr. Müller: Wöbking S.148; Fußspuren im See: Hüttl S.428,434; Kampf im See: Neueste Nachrichten 14.6.1886; Herz des Königs: Merkt S.159, Wöbking S.186; Klug: Hüttl S.435ff; Schicksal der Augenzeugen: Sailer S.153; Hofstaller: siehe Anmerkungen Kapitel 8; Larose: Die Aussagen von Frau Brandmeier-Däntl stellten Hildegard und Bernhard Graschberger fest; Lidl/ Kramer: Graf (Größtenteils...) S.87f; Lidl 1919: Anton Gottschaller, Leserbrief in der Süddeutschen Zeitung 10.11.1979.

»Seht den heuchlerischen Alten...«

Die Kaiserin Elisabeth (Sissi) und ihre Familie sind ebenso wie das Volk davon überzeugt, daß Prinzregent Luitpold den Mord befohlen hat

Von den Zeitgenossen glauben nicht viele an einen Unfall, Zweikampf oder Selbstmord. In der Landbevölkerung sicher die allerwenigsten! Als der Tod des Königs feststeht, liegt eine verzweifelte Ohnmacht über dem Land. »Ich wett, sie haben ihn umgebracht«, lesen wir bei Oskar Maria Graf. Der ehemalige Kabinettssekretär Buerkel hört »einen Mann aus dem Volke«, der sagt: »Was ist schon heutzutage so ein König? Das hat man am vorigen gesehen, wenn der einigen nicht gefällt, dann thut man ihn einfach weg.«

Die Wellen der Erregung schlagen in ganz Europa. Kronprinz Rudolf aus Wien erzählt seiner Mutter Elisabeth und Schwester Valerie, in Wien gehe man sogar so weit, wie Valerie in ihr Tagebuch schreibt, »dass man allgemein glaubt, Gutten habe auf Andeutungen der Familie Luitpold den unbequem gewordenen König ins Wasser geworfen«. Da liegen sicher entsprechende Gesandtenberichte vor. Die Hofdame der Kaiserin, Marie Festetics, weiß offensichtlich noch mehr. Sie schreibt, »das Wasser des Meeres würde nicht genügen, den Schandfleck dieses rohen Vergehens gegen den König hinwegzuwaschen«.

Diejenige Frau aber, die Bescheid über die Vorgänge am Münchner Hof weiß wie keine andere Person außer den Tätern, ist Sissi in Feldafing drüben. Ihre Gedichte, die sie nach dem Tod ihres Freundes schreibt, sind unmißverständlich. So lesen wir über den Prinzregenten Luitpold:

Seht den heuchlerischen Alten!
Drückt ihn sein Gewissen nicht?
Thut so fromm die Hände falten,
Sauersüss ist sein Gesicht.

Wie sein langer Bocksbart wackelt!
Falschere Augen sah man nie;

Für Kaiserin Elisabeth steht hinter dem Königsmord ihr Cousin Luitpold. Sie verdächtigt ihn in mehreren Versen.

Ist sein Hirn auch ganz vernagelt,
Steckt es doch voll Perfidie.

Seinen Neffen, seinen König
Stiess der tückisch von dem Thron;
Doch dies ist ihm noch zu wenig,
Sähe sich dort gerne selber schon.

Könnt ihr auch noch dies ertragen
Bayerns Volk, dann seid ihrs werth,
Dass, am Pranger angeschlagen,
Ihr in Ewigkeit entehrt!

Eh sie ihn zum König salben,
Stürzt mit donnerndem Gekrach
Wenigstens ihr, stolze Alpen,
Tötend über Bayerns Schmach!

Da wird schon sehr eindeutig der Sachverhalt geschildert. Mit dem Prädikat »heuchlerischer Alter« belegt Sissi den Prinzen Luitpold deswegen, weil er schon am Pfingstmontag erklärt: »Man wird sagen, ich sei der Mörder.«

Eine Freudsche Fehlleistung ohnegleichen. Man spricht ja überall von Unglück, Kampf im See, Herzversagen oder Selbstmord. Luitpold aber von Mord, was ja wirklich der Wahrheit entspricht und er auch genau weiß! Ebenso trifft die Kaiserin Elisabeth, die ja seine Cousine ist, den Sachverhalt mit dem Wörtchen »Perfidie« – der ganzen Hinterhältigkeit des nunmehrigen Landesherrn.

Ein zweiter Vers Sissis ist nicht zurückhaltender und beinhaltet ebenfalls die Mordtheorie, darüberhinaus sogar den Tathergang:

Sie stürzten ihren König
Vom hohen Schwanenstein,
Sie drängten ihren König
Bis in den See hinein.

Das Lied, das Lied wird klingen,
Bis alle Mörder tot,
Es dringt das leise Singen
In ihre Sterbenot.

Aber auch des hohen Gefolges Luitpolds gedenkt die zornige Elisabeth. Sie legt dem toten König folgende Verse in den Mund:

Doch das feige Hofgesinde
Und die Blutsverwandten spannen
Tückisch, heimlich ihre Netze
Und auf meinen Sturz sie sannen.

Schergen sandten sie und Ärzte,
Den »Verrückten« einzufangen,
Wie den Edelhirsch der Wilddieb
Meuchlings fällt in Strick und Stangen.

Freiheit wollten sie mir rauben,
Freiheit fand ich in den Fluten.
Besser hier im Herzen erstarren
Als in Kerkerhaft verbluten.

Kaiserin Elisabeth fährt auch unverzüglich nach Berg. Doch hören wir Oskar Maria Graf zu:

»Die Bauersleute aus der ganzen Pfarrei strömten zusammen und wollten in dichten Scharen zum Schloß hinunter. Drängend begehrten sie Einlaß, aber sie wurden heimgeschickt. Obgleich sie alle von einer ohnmächtigen Trauer niedergehalten waren, wurden sie schließlich doch rebellisch und stießen wüste Verwünschungen aus. Sie wichen erst, als das Tor aufging und eine berittene Abteilung ausgeschwärmt gegen sie heranrückte. Als der erregte Haufen sich bergan wälzte, fuhr – die letzten sahen es noch – die geschlossene Kutsche der Kaiserin Elisabeth, die zu jener Zeit in Possenhofen weilte, in den Schloßhof. Sie, die einzige Freundin Ludwigs, machte den ersten Totenbesuch und blieb über eine Stunde im Gemach, in welchem man die Leiche notdürftig aufgebahrt hatte. Sie soll mit dem Toten wie mit einem Lebenden geredet, soll schließlich getobt und geweint und zerknirscht gebetet haben, und sie mied seit diesem Tag Bayern.«

Gerade das aber ist nicht gerechtfertigt. Denn die meisten Bayern denken ja wie sie. »Vom neu ernannten Landesverweser, dem Prinzregenten Luitpold, wollte kein Mensch etwas wissen, am allerwenigsten die Berger. Die waren froh, daß er sich nie bei ihnen sehen ließ.« Das sind die Worte von Oskar Maria Graf.

Und er verrät uns auch, daß und wie sie über den alten Wittelsbacher herziehen. »Windiger Erbschleicher!« Graf ergänzt: Dies sei noch »das mildeste Schimpfwort, mit dem sie ihn belegten«.

Im Werdenfelser Land, so berichtet der 1882 in München geborene Historiker Karl Alexander von Müller, hält man Ludwig II. noch lange leidenschaftlich in Ehren und »den Nachfolger für seinen ehrgeizigen Mörder«.

Nichts anderes berichtet der Dichter Max Halbe, der 1888 in München promoviert, von den Bewohnern dieser Stadt: »Prinzregent Luitpold stand noch wenig in der Gunst beim Volk. Man machte ihn, versteckt und offen, mitverantwortlich für den Untergang des Königs.«

Die Ablehnung erfaßt aber auch Adelige, die sich über die Lügen und Ausreden ärgern und die Widersprüche in Erstaunen setzen. Mal darf man dieses, mal jenes nicht. Zum Schluß kennt sich keiner mehr

In den Bergen hält man den Prinzregenten noch lange für den eigentlichen Mörder Ludwigs II. Die Tatsache, daß es keinen Prozeß und nahezu keine ernstzunehmenden Ermittlungen der Polizei gibt, schürt den Verdacht der Zeitgenossen zusätzlich. In Linderhof erlosch das Andenken an das Opfer bis heute nicht. Viele Bewohner des Werdenfelser Landes glaubten und glauben an ein Jahrhundertverbrechen.

recht aus. So berichtet der einstige Kabinettssekretär Buerkel von einer »Dame der Gesellschaft«, die zu ihm sagt: »Merkwürdig, so lange der König lebte, hielt ihn jeder für verrückt, und jetzt, da er tot ist, soll er nicht verrückt gewesen sein!«

Anmerkungen, Quellen und Literatur:
Mord: Graf (Mutter...) S.262, Buerkel S.128, Valerie S.80, Conte Corti S.369; Gedichte Elisabeth: Hamann S.413ff, Girrbach S.184; Luitpold/Mörder: Schrott S.101; Sissis Totenbesuch: Graf (Mutter...) S.263; Erbschleicher: Graf (Mutter...) S.265; Werdenfels: Müller S.86f; Gunst beim Volk: Halbe S.340; Dame der Gesellschaft: Buerkel S.127

»Und geheime Meuchelmörder ...«

Neben den drückenden Beweisen spricht auch
ein beliebtes, aber streng verbotenes Volkslied
von Chloroform und Todesurteil

Obwohl der König nun tot ist, stehen Luitpold und seinen Ministern
noch quälende Bewährungsproben bevor. Die Menschen in Bayern
verdächtigen sie des feigen und brutalen Mordes. Besonders die vielen Journalisten stellen peinliche Fragen. Und die nunmehrige Staatsspitze schlägt zurück. Wir lesen unter dem 16. Juni 1886 im Jahrbuch
der Stadt München:

»Gestern und heute wurden hier mehrere Presseerzeugnisse wegen
Artikeln, die auf die Königskatastrophe Bezug hatten, konfisziert,
so ein Extrablatt des *Gemeindebürgers* wegen Aufreizung, dann ein
Extrablatt der *Neuen Freien Volkszeitung* wegen Verbreitung erdichteter Tatsachen und die Nummer 297 des *Berliner Tagblatt* (Abendausgabe), in welcher der von Basel an verschiedene Adressen verschickte
und ersichtlich gefälschte Aufruf Seiner Maj. des Königs Ludwig II.
abgedruckt war.«

Und was lesen wir in den konfiszierten Blättern? Ein Auszug aus
der *Neuen Freien Volkszeitung*:

»Das Volk will den Irrsinn König Ludwigs immer noch nicht recht
glauben; es setzt den ärztlichen Gutachten Zweifel entgegen. Wir lassen dies heute unentschieden, mögen sich die Dinge verhalten, wie sie
wollen, mag der König seit Jahren schwer krank oder erst in den letzten Tagen durch die Wucht der auf ihn hereinstürzenden Ereignisse
dazu gemacht worden sein, eins steht fest, daß an ihm gesündigt wurde.«

Dann die Prophezeihung des Redakteurs von damals: »Auch wenn
die Leiche in der Gruft der Michaelskirche begraben ist, wird sie wie
ein dunkler Schatten sich vor dem geistigen Angesichte der Schuldigen erheben und, falls noch ein Funken von Gewissen vorhanden
ist, dieses erzittern lassen. Wir bauen fest auf die göttliche Gerechtigkeit, daß sie den ungeheuren Frevel, der da begangen wurde, dereinst
strafen wird an seinen Urhebern, und wir sind überzeugt, daß ihnen
kein Segen erblühen wird.«

Welch weise Worte, wenn man bedenkt, daß die Monarchie den
Prinzregenten Luitpold nur noch sechs Jahre überleben soll, sein
Sohn Ludwig III. 1918 vom Thron seiner Vorfahren gestoßen wird –
und zwar mit Gewalt und für immer!

Indes bläst 1886 auch ein rauher Wind dem Minister Lutz ins Gesicht. Er sagt am 26. Juni 1886 in der Kammer der Abgeordneten:

»Der Titel Königsmörder hat nur so geschwirrt in Briefen und Anreden.«

Die Regierung reagiert nicht nur mit Beschlagnahme mißliebiger Zeitungen, sondern bemüht auch die Gerichte. Und so setzen viele Prozesse, vor allem gegen Journalisten, im Herbst 1886 ein. Den Verurteilten stehen harte Strafen bevor, so auch dem Redakteur Anton Memminger. Er kritisierte in der *Bayerischen Landeszeitung* vom 20. Juni 1886 die Einsetzung des Prinzen Otto (geisteskranker Bruder Ludwigs II.) zum neuen König durch das Ministerium Lutz so:

»Allein der klare Wortlaut der Verfassung widerspricht der Ernennung Ottos zum König. In der Urkunde heißt es, daß der König den Eid auf die Verfassung leisten muß. Ein Prinz, der aber nicht fähig ist, einen Eid zu leisten, weil er denselben weder verstehen noch halten kann, soll der nun fähig sein, König zu werden?«

Dann die messerscharfe Folgerung: »Man kann doch dem Volke nicht zumuten, daß es die Ehrfurcht, Liebe und Achtung, die es dem genialen König Ludwig II. auch im Unglück nicht versagte, auf einen unheilbaren blödsinnigen Prinzen überträgt.«

Das hätte Memminger besser nicht schreiben sollen. Er wird verhaftet und verurteilt, und was daraufhin mit ihm angestellt wird, beschreibt er so:

»Die Regierung erlebte an mir die Befriedigung ihrer Rache bis zum äußersten. Ich wurde in dem alten Gefängnis zu Würzburg, das bald darauf als gänzlich verseucht aufgehoben wurde, in die feuchte Raubmörderzelle neben dem Mühlkanal gesteckt, erhielt kein Licht und schlechte Nahrung, so daß ich erkrankte.«

Je mehr aber bestraft und zensiert wird, desto nachhaltiger müssen sich Prinzregent Luitpold und die Regierung den Vorwurf des Königsmordes gefallen lassen. Vor allem die Volkslieder sind eindeutig. Hören wir kurz, was der bereits erwähnte Historiker Karl Alexander von Müller, dessen Vater unter Ludwig II. Kabinettssekretär ist, aus seinen frühen Jahren erzählt. Er erinnert sich der »märchenhaften Erzählungen einer Kinderfrau und Werdenfelser Bauern«. Und eines Geigers aus Partenkirchen, der in einem Wirtshaus vor das Bild des Bauherrn von Linderhof tritt, »um seinem toten König vorzuspielen«.

Und Karl Alexander von Müller weiter: »Ich höre noch die rauhen Stimmen der Schlierseer Holzknechte, die an ihren einsamen Feuern im herbstlichen Bergwald die damals streng verbotenen Lieder auf ihn anstimmten.« Dann die unscheinbarste Strophe:

Auf den Bergen ist die Freiheit,
Auf den Bergen ist es schön,
Unserm König Ludwigs Zweiten
War auf den Bergen stets sein Leb'n.

Dieses Lied hat viele Strophen und Variationen – und zeugt von der Wahrheit. Wir geben zwei Texte wieder, um sie dann zu analysieren. Die erste Version:

Auf den Bergen wohnt die Freiheit,
auf den Bergen ist es schön,
wo des Königs Ludwigs Zweiten
alle seine Schlösser stehn.

Allzufrüh muß er sich trennen,
fort von seinem Lieblingsplatz,
ja Neuschwanstein, stolze Feste,
warst des Königs liebster Schatz!

Allzu früh mußt er von dannen,
man nahm ihn fort mit der Gewalt,
gleich wie Barbarn hams dich behandelt,
und fortgeführet durch den Wald.

Bandarsch und **Kloriformen**
traten sie behendig auf.
Und dein Schloß mußt du verlassen
Und kommst nimmermehr hinauf

Nach Schloß Berg hams dich gefahren
in der letzten Lebensnacht,
da wurdest du zum Tod verurteilt
noch in derselben grauen Nacht.

Und geheime Meuchelmörder,
deren Namen man nicht kennt,
habens ihn in See neinstoßen,
indem sie ihn von hinten angerennt.

Lebe wohl, du guter König
in dem kühlen Erdenschoß,
von dort droben kannst du nicht mehr
runter in dein stolzes Schloß!

Ja, du bautest deine Schlösser
zu des Volkes Wohlergehn.
Neuschwanstein, das allerschönste,
kann man noch in Bayern sehn.

Die zweite Version, mitgeteilt von Oskar Maria Graf:

Mit **Gloriformen** und Bandarschen
traten sie behendig auf.

Nach Schloß Berg habn sie ihn hingefahren,
Dorten endet dann sein Lebenslauf.

Doktor Gudden und der Bismarck,
den man auch den großen Kanzler nennt,
haben ihn in See nei g'stessen,
indem sie ihn von hinten angerennt.

Feiger Kanzler, deine Schande,
die traget dir ganz gwiß kein Ehrenreis.
Du stundst ihm nicht in offnem Kampfe –
der Rippenstoß von hinten her uns das beweist.

So wie es aussieht, werden die Verse in Berg gereimt. Der Graphiker Paul Neu hört sie dort als Fünfjähriger – und das kann noch 1886 sein.

Ungläubig vernehmen wir jedoch seine Mitteilung, man habe das Lied im Schloß gesungen. Stimmen seine Angaben, ist die Elegie schon im ersten Jahr nach dem Mord so populär, daß sie auch den Regierenden zu Ohren kommt. Natürlich wird sie sofort verboten. Die Polizei hat also etwas zu tun. Manchmal kennt sie sich selbst nicht mehr aus, was Recht und Unrecht ist. Es darf nämlich plötzlich keiner mehr behaupten, daß Ludwig II. nicht irrsinnig gewesen sei. Graf: »Sonst ist er eingesperrt worden.«

Also, das König-Ludwig-Lied zu singen, ist strengstens untersagt. Karl Alexander von Müller teilt uns das mit, wie bereits erwähnt, und auch Oskar Maria Graf. Letzterer sagt uns auch warum. Wenn wir ihn jetzt wieder ausführlich zitieren, dann aus einem ganz einfachen Grund: Der Dichter erfährt von seinen Eltern, daß die Berger den Drahtziehern in München hinter die Schliche gekommen sind. Mord! Und so schreitet die Obrigkeit nicht nur gegen Journalisten ein, sondern auch gegen Volkssänger, Holzknechte, Patrioten und fröhliche Zecher, die ihren toten König verherrlichen. Sie hat die Mittel und benutzt sie auch ausgiebig. Hören wir Oskar Maria Graf zu:

»Trotzdem ist selbigerzeit ein geheimes Lied aufgekommen, von welchem einige Strophen allerhand verraten haben, wie es an dem betreffenden Unglückstag zugegangen ist und wie schandmäßig sie mit unserem guten König umgegangen sind. Freilich hat sich keiner getraut, dieses verbotene Lied offen zu singen, aber gemerkt hat es sich jeder, insbesondere die Strophen, die wo berichten, wie sie den armen König von Neuschwanstein mit Gewalt in einer verschlossenen Chaise abgeholt haben.«

Allein, alle Verbote und Verhaftungen nützen nichts. »Das König-Ludwig-Lied«, so schreibt Neu, »war bis zur Jahrhundertwende vielleicht das beliebteste und verbreitetste bayrische Lied, das mit tränenumflorter Stimme und wehem Herzen nicht nur die Köchinnen, wenn sie Einbrenn oder Teig anrührten, sangen, das vielmehr auf dem Lande, in der Stadt und in den Bergen jeder kannte und sang.«

Wir müssen an dieser Stelle nicht vom »gesunden Volksempfinden« sprechen, aber doch von einer normalen Erwiderung auf den unglaublichen Gesinnungsterror der Staatsspitze in München. Wer so genervt auf eine vertonte Aussage reagiert wie der Prinzregent und sein Ministerium, hat etwas zu vertuschen. Hätte man die Theorie vom Kampf Ludwigs und Guddens überzeugend rübergebracht, wäre sie vor allem wahr, dann gäbe es jetzt die Probleme mit dem Volk nicht. Dieses merkt die Lügen und Widersprüche. Und was das Schlimmste ist: Augenzeugen, die man nicht dingfest machen kann, streuen ihre Wahrnehmungen unter die Menschen.

Selbst wenn wir anhand der vielen Indizien (Abmarschzeit, Uhrenstillstand, Ausschluß von Herzversagen, Chloroform, Alkohol, Zurückweisung der Pfleger und Gendarmen, Wagenspuren, Pferde, Geldbörse, verschwundene Brieftasche Guddens etc.) den Mord nicht nachweisen könnten, die Zeitgenossen bilden sich nach Gesprächen in den Wirtshäusern, auf den Feldern und Weiden, beim Kirchgang und Tanz, auf Hochzeiten und Taufen, Wallfahrten und Namenstagsfesten ihre Meinung in Rede und Gegenrede.

Da geht es nicht um Mystisches oder Religiöses, sondern um reale Einsichten und Abläufe, so wenn der Graf Rambaldi aus Angst schweigt, die Berger Kirchglocken läuten, bevor man Ludwig und Gudden gefunden hat, der Pfarrer Beck bei der Aussegnung Ludwigs Chloroform riecht, der »Hofstaller« vom Wegführen der Pferde berichtet, der Pfleger Mauder sagt, was er gesehen hat, und Leute bestochen werden.

Mit einem Wort: Da hören die Menschen von soviel Beweisbarem und Selbsterlebtem, daß auch die raffinierteste Lüge der Regierenden vor der einfachen Logik kapitulieren muß. Wer das gesamte Volk des bayerischen Oberlandes für so dumm hält, daß es alles glaubt, hat sich nicht zu wundern, wenn man auch ihm nicht mehr traut.

Aber was reden wir? Die Aussagen des König-Ludwig-Lieds harmonieren wunderbar mit den Indizien. Die fett gedruckten Stellen zeigen, wie nahe sein oder seine Verfasser der Realität ist oder sind. Man weiß vom Einsatz des Chloroforms, vom »Todesurteil«, das in München eine Ministeroligarchie im Verbund mit dem Prinzen Luitpold fällt, von »geheimen Meuchelmördern« (tatsächlich finden wir nicht einmal den Ansatz, ihrer Namen habhaft zu werden) und das ganz entscheidende: Die Erkenntnis, daß Ludwig II. in den See gestoßen, das heißt ertränkt worden ist.

Daß die Menschen auch den Part Bismarcks kennen, verwundert nicht. Er, der als »eiserner Kanzler« als allmächtig angesehen wird, hat dem König zwar einen Rat erteilt, aber eben sonst überhaupt nicht geholfen.

Oskar Maria Graf schwächt allerdings die Schuldzuweisung ab und zitiert seinen Vater. »Er hat gemeint, die von der Regierung und am Hof, wo damaligerzeit alles vertuscht haben, was passiert ist, haben bloß alles auf den Bismarck geschoben, weil er weit weg gewesen ist und weil man ihn bei uns nicht leiden hat können, und das tun sie auch jetzt noch, damit ihre hinterlistige Lumperei nicht herauskommt.«

Für einen aber setzt sich Bismarck nach der Katastrophe am Starnberger See gewaltig ein: für den treuen Dürckheim. Der ganze Vorgang entbehrt nicht einer besonderen Delikatesse. Als Kanzler fällt Bismarck nie und nimmer das Recht zu, in die Justiz der einzelnen Bundesstaaten einzugreifen. Dennoch zitiert er den bayerischen Gesandten Lerchenfeld-Köfering zu sich und fordert ihn auf, der Regierung in München den Rat zu erteilen, »Graf Dürckheim sofort in Freiheit zu setzen«. Man beachte das Wort »sofort«.

Kaum hat Prinzregent Luitpold vom Zorn des Kanzlers erfahren, öffnet sich das Kerkertor für den von ihm so gehaßten Flügeladjutanten a. D. Diese in der deutschen Rechtsgeschichte beispiellose Intervention und ihre auf den Fuß folgende Ausführung sind nur aus einem einzigen Grund zu verstehen und möglich: Bismarck weiß um das Mordkomplott – und davor haben Luitpold und Co. Angst. Daß der Kanzler rigoros werden kann und auch vor Erpressungen nicht zurückschreckt, hat man ja mehr als einmal erfahren. Und so beißt man in den sauren Apfel und läßt den Gefangenen laufen.

Kommen wir auf dessen Vision vor einigen Tagen zurück. Dürckheims Befürchtung, Ludwig II. nicht mehr lebendig zu treffen (siehe Eingangskapitel), hat sich bewahrheitet. Der grollende Luitpold schlägt dem Grafen jetzt aber die Bitte ab, den Ermordeten noch einmal zu sehen. Die Residenzwachen haben Anweisung, ihn sofort hinauszukomplimentieren.

Dafür reist Dürckheim zur Königin-Mutter Marie. Und so erfährt diese Frau die ganze traurige Wahrheit über ihren Sohn, den sie 1844 im betäubten Zustand empfangen hat und der 1886 – ebenfalls im betäubten Zustand – im Wasser ertränkt worden ist.

Welch tragisch-traurige Geschichte!

Anmerkungen, Quellen und Literatur:
Konfisziert: Schrott S.104, 107; Lutz/Königsmörder: Schrott S.112; Memminger: Schrott S.108,120; König-Ludwig-Lied 1: Müller (Unterm weißblauen...) S.152f; König-Ludwig-Lied 2: Schrott S.118; König-Ludwig-Lied 3: Graf (Größtenteils...) S.88, Neu S.452; Dürckheim: Schrott S.104.

Bitte den Sarg nicht öffnen!

Der Umgang mit dem von den Wittelsbachern
verfemten und ihnen nicht angehörenden König
hat auch etwas mit Menschenwürde zu tun

Daß Ludwig II. das Opfer eines brutalen Mordes ist, steht heute außer
Zweifel. Die Indizien sind so erdrückend, daß man die zurückgehal-
tenen oder versteckten Akten eigentlich nur noch zur Bestätigung
braucht.

Allein schon die Weigerung, die Schriftstücke von damals (Mai, Juni 1886) freizugeben, verrät doch die Tatsache, daß irgendetwas faul
an der Sache ist. Diese Geheimniskrämerei freilich ist nicht neu. Ausdrücklich beklagt Dr. Müller, der den Tod des Königs 1886 feststellte,
bei der Abfassung seines ausführlichen Berichts: »Es war für mich
ungemein schwer, das vorliegende Actenmaterial zur Verfügung zu
bekommen.«

Um die allerletzte Klarheit über die Abendzeit des 13. Juni 1886 zu
erhalten, müßte natürlich der Prunksarg Ludwigs II. in der Wittelsbachergruft der Münchner Michaelskirche geöffnet werden. Doch
das Haus Wittelsbach läßt dies nicht zu. Es mögen drei gewichtige
Gründe dabei eine Rolle spielen:

1. Der Sarg ist, wie oft vermutet und gemunkelt wird, leer.
2. Die Pietät vor dem Toten verbietet dies.
3. Der endgültige und unwiderrufliche Nachweis könnte erbracht
   werden, daß Ludwig II. gar kein Wittelsbacher ist, was man im
   Haus des Herzogs von Bayern offensichtlich auch weiß.

Wovor die Wittelsbacher sicher keine Angst haben: Daß der Nachweis gelingen könnte, Ludwig II. sei erschossen worden. Es erscheint
kaum vorstellbar, daß sich zwölf Ärzte, die bei der Sektion anwesend
sind, zu einem Stillhalteabkommen bereit finden, also falsches Zeug-
nis geben.

Selbst aber, wenn dies der Fall wäre, spricht das festgestellte Wasser
in Ludwigs Lunge (Sektion, Augenzeugenbericht Graf) gegen die Ermordung mit der Schußwaffe. Ein Toter, der ins Wasser gelangt, stößt
eindringendes Wasser ab. Wer also weiter von Bleikugeln im Körper
des Königs und Schußspuren am Mantel redet, widerspricht jeglicher
medizinischen Erkenntnis.

Nein, vor der Schußtheorie hat man im Schloß Nymphenburg derzeit keine Angst. Eine Exhumierung würde etwas ganz anderes offen-
baren: Wir haben vom Tripper des Königs Maximilian II. gehört.
1835 holte er sich ihn als junger Mann auf einer Kavaliersreise in den

Budapester Bädern. 1842, im relativ späten Alter von 31 Jahren, hat er eine 16jährige gefreit: Marie von Preußen. Sie ist die Mutter Ludwigs II. (die Geburt erlebte am 25. August 1845 der halbe Hof mit). Ihr Ehemann Maximilian II. hat sich seiner armen Frau nie soweit genähert, daß er sie hätte anstecken können. Sonst wäre auch sie krank geworden. Also sind ihre beiden Söhne nicht vom König.

Dies heißt: Ludwig II. ist gar kein Wittelsbacher. Noch unangenehmer wird für das Haus die Frage nach dem Vater. Alles deutet derzeit darauf hin, daß man das junge Mädchen berauscht und die Ohnmächtige dann geschwängert hat.

Dazu konnte man keinen Adeligen am Hof brauchen (wie den Freiherrn von der Tann, was öfter vermutet wurde), sondern einen subalternen, vielleicht auch der deutschen Sprache nicht mächtigen und jederzeit erpreßbaren Hofangestellten. Nach Lage der Dinge kann dies eigentlich nur der aus Italien (Riva) gebürtige Hofkellermeister und Kammerdiener Joseph Tambosi sein, mit dem König Maximilian II. gut auskam.

Das Muster ist uralt. Wir hören davon schon in der Bibel: Lot und seine Töchter, die ihren Vater berauschen und ihn anschließend verführen, um den Bestand der Familie zu erhalten (herrliches Bild von Albrecht Altdorfer im Kunsthistorischen Museum, Wien).

Und dann die Türkenkinder in den schwülen Schlafzimmern der liebeshungrigen Komtessen und Fürstinnen des Barock. Sie ließen sich von den kleinen Fremdlingen bedienen, so ganz nach dem *Rosenkavalier* von Hugo von Hofmannsthal (Musik von Richard Strauss) und konnten sicher sein, daß der Herr Ehegemahl nichts von ihren nächtlichen Ausschweifungen mit den kräftigen Lakaien und lüsternen Grafen erfahren wird. Der kleine Diener aus dem fernen Orient kann ja kein Deutsch, um seine Beobachtungen weiterzuleiten.

Übertragen wir dieses Sujet auf Maximilian II. Sein Ersatzmann Tambosi war auch Ausländer, dazu ein Subalterner am Hof. Hat er tatsächlich dem König ausgeholfen, dann verstehen wir auch das ganze Elend der Wittelsbacher. Der Vater Ludwigs II. ist nicht aus ihren Reihen.

Gewissermaßen ist man selbst Gefangener einer verstaubten Ideologie. Der Erzeuger wird nämlich generell als wichtiger erachtet als die Frau und Mutter. Und das bayerische Haus gehört zu den eisernen Vertretern der männlichen Erbfolge. Mit anderen Worten: Man tut de facto so, als seien Frauen keine ebenbürtigen Menschen. In anderen Ländern ist das anders. So in England, wo in der gleichen Zeit eine Frau regiert: Königin Victoria.

Man muß dies alles bedenken, wenn man plötzlich erfährt, daß der ganze bayerische Erbfolgewahn wie eine Seifenblase platzt. Ludwigs II. Vater ist womöglich der Sohn eines Filous aus Italien, der sich

dazu hergibt, ein berauschtes Mädchen zu vergewaltigen. Und das öfter!

Jeder ahnt das Unfaßbare: Der als Wittelsbacher geltende König Ludwig II., überall »Märchenkönig« genannt, ist heute rund um den Globus der bekannteste deutsche Monarch. In Tokio kennt man seine Schlösser ebenso wie in Melbourne, Toronto, Rom und Chicago. Kein Bayernherrscher von den Anfängen bis zum Ende der Monarchie, also über 1350 Jahre hinweg, ist in der Welt so populär wie er. Wie bereits gesagt: In den Augen der Menschen heute gelten Alte Pinakothek und Glyptothek, die bayerischen Dome und sonstigen Architekturwunder zusammengenommen nicht soviel wie allein die drei Königsschlösser Herrenchiemsee, Linderhof und Neuschwanstein.

Und ausgerechnet dieser Ludwig II. ist kein Wittelsbacher, sondern ein Bastard niederer Herkunft, der dies auch noch weiß, wie der Graf Eulenburg-Hertefeld aussagt. Jetzt verstehen wir, daß die Mitglieder des ersten bayerischen Hauses kein Interesse an einer Öffnung des Sarges haben können.

Daß man den »Märchenkönig« ermordet hat, kann man als bedauerlichen »Betriebsunfall« registrieren, in so manchem Königshaus wurde auch niederträchtig getötet. Daß aber Ludwig nicht zu ihnen

Trotz seiner Ermordung unsterblich ist König Ludwig II. von Bayern heute. Die Venus vor dem Schloß Herrenchiemsee sieht er nur selten, dafür jetzt zur Sommerszeit eine nie enden wollende Menschenmenge aus aller Welt.

gehört, stellt das Lähmende und Entsetzliche dar. Und jedes Gewebeteilchen des toten Königs (gewonnen bei einer Sargöffnung) brächte den Durchbruch der Wahrheit.

Und just bei diesem Gedanken kommt die Pietät ins Spiel. Ludwig II. kann weder etwas für seine außergewöhnliche Konzeption noch etwas für seine Erziehung zum König. Er war mit 18 Jahren Bayernherrscher, wurde weder gefragt noch gebeten. Und wenn wir in Deutschland vor noch nicht allzu langer Zeit die Diskriminierung unehelicher Kinder ganz abgeschafft haben, so müssen wir uns auch des Königs Ludwig erbarmen, das heißt ihn als Mensch würdigen. Er hat trotz seiner großen Ausfälle und Verrücktheiten etwas geleistet. Nicht umsonst ist er überall auf der Erde so beliebt. Wir können auf der einen Seite nicht die mittelalterlichen Dome und ihre bischöflichen Auftraggeber preisen und dann so tun, als seien Schloß Herrenchiemsee und sein Bauherr nichts wert.

Ludwig II. war zwar König, doch als solcher eine tragische Figur. Was wir heute jedem nicht nach gängiger Norm konzipierten Geschöpf zubilligen, sollte auch für ihn gelten. Wir kränken seine Ehre nicht, wenn wir nachweisen können, daß Maximilian II. nicht sein Vater sein kann (Tripper). Wir vergriffen uns aber an seiner Würde, wenn man ihn, von Sensationslust und Klatschsucht gepeitscht, nicht in seiner letzten Ruhe ließen.

Der Rummel um die Öffnung des Sarges würde all das zerstören, was wir so mühsam erkämpft haben, die Erkenntnis, daß der Wert eines Menschen nicht von seiner Geburt abhängt, nicht von Dingen, die vor und nach seinem Eintritt in diese Welt geschehen.

Fazit: Nehmen wir die traurigen Ereignisse im Leben des Königs zur Kenntnis, lassen wir ihn aber in Frieden in der Wittelsbachergruft von St. Michael.

Anmerkungen, Quellen und Literatur:
Ein Grund dafür, daß sich die Spekulationen um den Tod Ludwigs II. verstärkten, liegt sicher in der Weigerung, die einschlägigen Akten publik zu machen, beziehungsweise den Historikern zu überlassen. Auch der Verfasser, der vor über drei Jahrzehnten um Akteneinsicht bat, wurde abgewiesen. Beschwerde Dr. Müller: Merkt S.197.

Zusammenfassung

Lediglich vier Möglichkeiten können am 13. Juni 1886 zum Ende Ludwigs II. führen:

1. Tödlicher Herzinfarkt,
2. Ertrinkungstod nach einem nicht tödlichen Herzschlag oder einem Handgemenge mit Dr. Gudden,
3. Selbstmord,
4. Mord.

Anmerkungen zu den einzelnen Punkten:

1. Völlig auszuschließen ist der tödliche Herzinfarkt. Nach dem Sektionsbefund und der Darstellung von Oskar Maria Graf hat der König Wasser in der Lunge. Dieses gelangt nur in das Organ, wenn man noch atmet, also lebt.
2. Herzinfarkt scheidet überhaupt aus, weil Ludwig II. das beste Herz hat, was auch die Sektion ergibt. Wir lesen im entsprechenden Bericht: »Herz. Kräftig entwickelt, etwas schlaffer, die Höhlen etwas dilatirt, Wandstärke, Consistenz und Farbe des Herzmuscels normal, wenig epicardiale Fettauflagerung, Klappen sämtlich intact, ebenso Aorta und Pulmonalis.« Dazu ein zweites: Hätten die Ärzte Herzversagen feststellen können, wäre das der plausibelste Grund für einen natürlichen Tod gewesen. Sozusagen eine Traumdiagnose! Es hätte des ganzen Lügengerüsts nicht bedurft. Gegen den Tod nach einem Handgemenge sprechen die fehlenden Verletzungen des Königs, die schwächliche Statur des Arztes und natürlich die Uhren.
3. Selbstmord scheidet aus fünf Gründen aus. Ludwigs Lebenswille, die Hoffnung auf Flucht, die wiederholt geäußerte Angst vor dem Tod, die Unmöglichkeit, sich im seichten Wasser zu ertränken, und die Logistik des Tathergangs sprechen gegen Suizid.
4. Also bleibt Mord! Die plumpen Lügen, die peinlichen Rechtfertigungen, der nicht zu widerlegende Einsatz von Chloroform, die Alkoholisierung des Monarchen, die Abfindungen und Beseitigungen der Tatzeugen, die präzise angegebene Abmarschzeit, die Uhren der Toten, die Aussagen der Kaiserin Elisabeth und der Berger Bäckerseheleute Graf, die völlig unverständliche Ablehnung der Pfleger durch Dr. Gudden – bis hin zu dem bei ihm gefundenen

Judaslohn und das Fehlen der Brieftasche, dazu die Angst des Prinzregenten Luitpold und der Minister vor Rache, vor allem ihre bedingungslose Kapitulation vor dem eingeweihten Bismarck, der die sofortige Freilassung des Grafen Dürckheim fordert, also das Mordkomplott als Druckmittel verwendet, fügen sich harmonisch und ohne zusätzlichen Erklärungsbedarf zu der nicht mehr zu widerlegenden Aussage:

Bayerns »Märchenkönig« Ludwig II. ist das Opfer eines Jahrhundertverbrechens.

Literatur

Buerkel, Luigi von: *Vom Rindermarkt zur Leopold-straße. Jugenderinnerungen aus dem München König Ludwigs II.*, München ohne Jahr

Conte Corti, Egon Caesar: *Elisabeth*, Graz/Wien/Köln 1959

Eulenburg-Hertefeld, Philipp zu: *Das Ende König Ludwigs II.*, Frankfurt 2001

Fürstlich Thurn und Taxissches Zentralarchiv (Regensburg): HFS 2095f, PR.D. 1886

Girrbach, Wilhelm: *Das Buch Ludwig*, München 1986

Graf, Oskar Maria: *Das Leben meiner Mutter*, München 1975

Graf, Oskar Maria: *Größtenteils schimpflich*, München ohne Jahr

Halbe, Max: *Scholle und Schicksal*, Salzburg 1940

Hamann, Brigitte: *Elisabeth*, Wien/München 1997

Hüttl, Ludwig: *Ludwig II. König von Bayern*, München 1986

Menue-Karte der Kaiserin Elisabeth am 13. Juni 1886 (im Besitz der Familie Borchard, Feldafing, Hotel Kaiserin Elisabeth)

Merkt, Nikolaus: *Ludwig II*, München 1987

Merta, Franz: *Auf Bergeshöhen schreib ich Ihnen...*, in: *Berg '91 – Alpenvereinsjahrbuch*, Band 15

Miller, Ferdinand von: *Was Ferdinand von Miller erzählte*, München 1932

Möckl, Karl: *Die Prinzregentenzeit*, München 1972

Müller, Karl Alexander von: *Aus Gärten der Vergangenheit*, Stuttgart 1951

Müller, Karl Alexander von: *Unterm weißblauen Himmel*, Stuttgart 1952

Neu, Paul: *Das leibhaftige Liederbuch*, Erfurt 1938

Neueste Nachrichten 29.1.1849, 30.5 – 15.6.1886, 7.7.1886

Reiser, Rudolf: *Das Casino der Roseninsel*, München 2000

Richter, Werner: *Ludwig II. König von Bayern*, Zürich 1939

Sailer, Anton: *Bayerns Märchenkönig*, München 1977

Schrott, Ludwig: *Der Prinzregent*, München 1962

Sexau, Richard: *Fürst und Arzt*, Graz 1963

Süddeutsche Zeitung 25.8.1970 (Neuhäusler-Predigt), Leserbriefserie über Ludwigs Tod 8.9.1979-12.1.1980

Uhde-Bernays, Hermann: *Im Lichte der Freiheit*, München 1947

Valerie von Österreich: *Tagebuch*, München 1998

Voß, Richard: *Aus einem phantastischen Leben*, Stuttgart 1922

Wöbking, Wilhelm: *Der Tod König Ludwigs II. von Bayern*, Rosenheim 1986

Register

Ambach 31
Amberg 11
Ammerland 31
Arnulf von Bayern 18
Aufkirchen 47, 57

Bamberg 24
Barth, Michael 50
Basel 71
Beck, Martin 57, 75
Beck-Peccoz, Eugen 29
Beck-Peccoz, Willibald 29
Berg 10, 11, 12 - 16, 24 - 30, 34, 36 - Ende
Berlin 20, 22, 41, 71
Bismarck, Herbert 19, 24
Bismarck, Otto 19 - 21, 25, 74 - 76, 81
Böck, Georg 30, 62
Brandmeier-Däntl, Irmingard 66
Bruck, Karl 12, 24, 26
Budapest 16, 73
Buerkel, Ludwig 20, 67, 70

Crailsheim, Friedrich 13, 20, 44

Daiser, Hans 34
Dürckheim, Alfred 9 - 13, 18, 20, 24 - 26, 29, 76, 82
Dürckheim, Helene 18

Eisenhart, Johann 13
Elisabeth von Österreich 9, 10, 22, 25 - 31, 39 - 43, 67-69, 81
Eulenburg-Hertefeld, Philipp 10, 16, 18, 19, 20, 24, 25, 28, 29, 31, 42
Eurasburg 29

Faltlhauser, Gertraud 62
Feilitzsch, Max 45
Feldafing 10, 26, 40, 67
Fischer, Adalbert 54, 65
Florenz 18
Frankfurt 22
Franz Joseph von Österreich 25

Gottschaller, Anton 66
Graf, Katharina 36
Graf, Oskar Maria 12, 31 - 34, 36, 37, 58, 59, 62, 66, 67, 69, 73, 74, 75, 77

Grashey, Hubert 14, 37, 40, 41, 44 - 46
Gudden, Bernhard 11, 12, 14, 25, 30, 37 - Ende
Gumbiller 65

Hack 45
Halbe, Max 69
Hartinger 65
Heinleth, Adolf 9
Helene von Thurn und Taxis 9, 10, 25
Herrenchiemsee 16, 79
Hesselschwerdt, Karl 23
Hohenberg 29
Hohenschwangau 8, 10, 17, 24, 25, 34, 55
Holnstein, Max 11, 26
Hornig, Ewald 30, 62
Hornig, Richard 30, 62
Huber, Leonhard 63

Ischl 25
Ismaning 34

Karl Theodor in Bayern 29
Kleve 11
Klier, Georg 47
Klug, Peter 11, 65
Knabl, Josef 14
Kramer, Jakob 58, 59, 66

Landshut 14
Larose, Ludwig 66
Lauterbach, Johann 44, 46, 47, 52, 53
Leiblfinger 12
Leoni 30, 36, 47
Lerchenfeld-Köfering, Hugo 20, 76
Lidl, Jakob 31, 56, 58, 59, 63, 66
Linderhof 16, 70, 72, 79
Ludwig I. 12, 22
Ludwig III. 71
Luitpold (Prinzregent) 9, 11 - 14, 16, 18, 19, 22 - 28, 32, 35, 37, 41, 64 - 76, 82
Lutz, Johannes 23, 24, 37, 42, 71

Marie (Mutter Ludwigs II.) 16, 41, 76
Mathaus 26
Mauder, Bruno 12, 37, 39, 40, 45, 46, 49, 75
Max I. Joseph 12
Maximilian II. 12, 16, 41, 42, 77 - 80

Memminger, Anton 72
Miller, Ferdinand 47
Mühle, Julie 45
Müller, Franz Carl 12, 14, 40, 45, 46, 49, 62, 77
Müller, Karl Alexander 69, 72, 74
München 25, 44, 45, 69, 71, 77
Münnerstadt 23

Neu, Paul 74
Neuhäusler, Johannes 57
Neuschwanstein 8, 10, 16, 25, 74, 79

Österreich 22
Osterholzer, Fritz 25
Otto von Bayern (Bruder Ludwigs II.) 12, 42, 72

Partenkirchen 72
Pfalz 24
Pfistermeister, Franz 13

Rambaldi, Karl 30, 62, 75
Rasch, Ludwig 47
Regensburg 9
Reutte 25
Riva 78
Rom 22
Rottmannshöhe 37
Rudolf von Österreich 67
Rußland 18, 19

Saur 36
Schleussinger, Carl 53
Schleussinger, Eugenie 54

Schleussinger, Otto 53 - 55, 65
Schliersee 72
Schmalzer, Hans 32
Schneller, Konrad 12, 45
Schönbusch 52
Schuster 65
Schweiz 31
Seeseiten 30
Seeshaupt 10, 29, 31
Starnberg 10, 26, 31, 32, 36, 49, 53
St. Heinrich 10, 30, 62

Tambosi, Joseph 78
Therese von Bayern 23, 29, 30
Tirol 25, 31

Uhde-Bernays, Hermann 29
Ungarn 22

Valerie von Österreich 10, 26, 67
Vogl, Anna 10, 29
Voß, Richard 29

Washington, Karl Theodor 14, 39, 41, 44, 46, 47, 65
Weiß, Max 52, 54
Wien 22, 26, 28, 67, 78
Würzburg 22, 23, 72

Zanders, Friedrich 39
Ziegler, Friedrich 23

Epilog

ZUM BUCH

Im Mai 1886 haben die Wiener Zeitungen munter über die Zukunft der Münchner Regierung spekuliert. Noch am 30. Mai lesen wir dazu in München ein Dementi in den *Neuesten Nachrichten*: »Aenderung in der Regierung Bayerns unbegründet«. Gleichzeitig macht der österreichische Gesandte in München dem Kaiser in Wien Andeutungen, daß Prinz Luitpold mit Dr. Gudden ein Komplott plane. Schon aus diesem Grund sind die Aussagen der Kaiserin Elisabeth und ihres Sohnes Rudolf glaubhaft. Nach seinem Archiv-Aufenthalt in Wien hat sich der Verfasser um die Quellen in den Münchner Beständen bemüht. Doch er hat keine Einsicht bekommen.

Die Sache ruhte, bis Frau Eugenie Schleussinger, die Tochter eines Augenzeugen des Jahres 1886, dem Verfasser die Geschichte mit den verschwundenen Pferden am Abend des 13. Juni mitteilte. Doch noch immer gaben die beiden Uhren Rätsel auf. Es wurde wieder und wieder behauptet, der Stillstand der beiden Zeitmesser habe mit der Stunde des Todes ihrer Besitzer nichts zu tun, weil Dr. Gudden keinen Uhrschlüssel gehabt habe. Da überraschte den Verfasser der Starnberger Rechtsanwalt Jochen Krebs mit einem Dokument, das die Falschaussagen endgültig als solche entlarvte. Beiden Informanten sei ebenso gedankt wie den Familien Graschberger und von Lichem, die wertvolle Hinweise zum Umfeld des Tathergangs lieferten, und der Familie Borchard vom Hotel *Kaiserin Elisabeth* in Feldafing für die Menükarte Sissis.

DER AUTOR

Dr. Rudolf Reiser studierte in München und Wien Geschichte und Osteuropakunde. 1968 Promotion bei Karl Bosl an der LMU München. Von 1969 bis 1997 Redakteur für Bildung und Wissenschaft bei der *Süddeutschen Zeitung*. Von ihm stammen zahlreiche wissenschaftliche Aufsätze und 50 Fachbücher mit den Schwerpunkten Antike, Städtemonographien und bayerische Geschichte.

Im Buchendorfer Verlag sind von ihm erschienen: Klenzes Geheime Tagebücher (1998; vergriffen), König und Dame – Ludwig I. und seine 30 Mätressen (1999), Kardinal Michael von Faulhaber – Des Kaisers und des Führers Schutzpatron (2000), Das Casino der Roseninsel und ihre Könige (2000), Ohne Bacchus friert Venus – Ludwig I. in Anekdoten (2002), Karl VII. – 1697 - 1745 – Pracht und Ohnmacht des bayerischen Kurfürsten, deutschen Königs und römischen Kaisers (2002).

1202130

9,50